UMA VIDA de OBEDIÊNCIA

ELISABETH ELLIOT

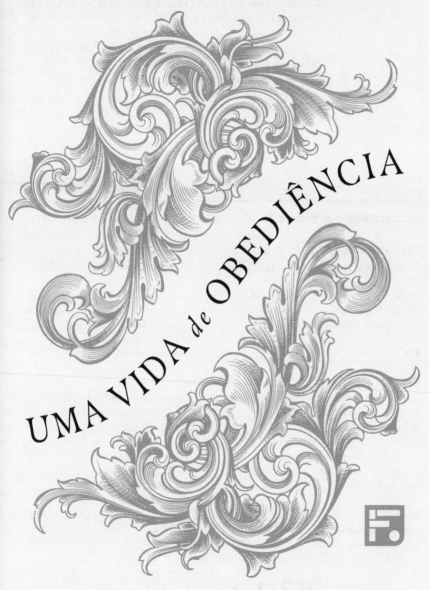

UMA VIDA de OBEDIÊNCIA

7 Disciplinas para a vida do cristão

E46u   Elliot, Elisabeth
       Uma vida de obediência : 7 disciplinas para a vida do cristão / Elisabeth Elliot ; [tradução: Karina Naves]. – São José dos Campos, SP: Fiel, 2022.

       Tradução de: Joyful surrender : 7 disciplines for the believer's life.
       Inclui referências bibliográficas.
       ISBN 9786557231470 (epub)
              9786557231463 (brochura)

       1. Vida cristã. I. Título.

                                                          CDD: 248.4

Catalogação na publicação: Mariana C. de Melo Pedrosa – CRB07/6477

UMA VIDA DE OBEDIÊNCIA:
7 Disciplinas para a vida do cristão

Traduzido do original em inglês: *Joyful Surrender: 7 Disciplines for the Believer's Life*
Copyright © 1982 Elisabeth Elliot

■

Publicado originalmente por Revell
uma divisão do Baker Publishing Group
6030 East Fulton Road
Ada, MI 49301

Para mais informações sobre a autora, seu legado, trabalho e livros, por favor visite: www.elisabethelliot.org.

Os textos das referências bíblicas foram extraídos da versão Almeida Revista e Atualizada (ARA), salvo indicação específica.

Copyright © 2021 Editora Fiel
Primeira edição em português: 2022

Todos os direitos em língua portuguesa reservados por Editora Fiel da Missão Evangélica Literária
PROIBIDA A REPRODUÇÃO DESTE LIVRO POR QUAISQUER MEIOS SEM A PERMISSÃO ESCRITA DOS EDITORES, SALVO EM BREVES CITAÇÕES, COM INDICAÇÃO DA FONTE.

■

Diretor Executivo: Tiago J. Santos Filho
Editor-chefe: Vinicius Musselman
Editora: Renata do Espírito Santo T. Cavalc
Coordenação Editorial: Gisele Lemes
Tradução: Karina Naves
Revisão: Bruna Gomes Ribeiro
Diagramação: Rubner Durais
Capa: Rubner Durais
ISBN impresso: 978-65-5723-146-3
ISBN eBook: 978-65-5723-147-0

Caixa Postal 1601
CEP: 12230-971
São José dos Campos, SP
PABX: (12) 3919-9999
www.editorafiel.com.br

Esforça-te para escolher, não o que é mais fácil,
e sim o que é mais difícil.
Não prive sua alma da agilidade
que é necessária para que ela escale até Ele.

São João da Cruz

Sumário

1. Criação, cuidado e chamado 11

2. Disciplina: a resposta ao chamado de Deus........................17

3. Como saber que somos chamados?.......................................23

4. Debaixo de ordens 29

5. Graça, Livro, Espírito — e mais uma coisa.........................35

6. Um Deus soberano e a escolha do homem 41

7. A disciplina do corpo...55

8. A disciplina da mente 73

9. A disciplina da posição 103

10. A disciplina do tempo..125

11. A disciplina das posses 141

12. A disciplina do trabalho 159

13. A disciplina dos sentimentos 181

14. Troca: minha vida pela dele 201

Elisabeth Elliot (1926-2015) foi uma das escritoras cristãs mais perceptivas e populares do século passado. Autora de mais de vinte livros, incluindo *Paixão e pureza, Deixe-me ser mulher e O sofrimento nunca é em vão,* Elliot ofereceu orientação e incentivo a milhões de leitores em todo o mundo.

Criação, cuidado, chamado

Cedo pela manhã, sento-me em um assento de janela em uma bela cabana de pedra no topo de uma colina remota no sul do Texas. É primavera. Não há telefone ou televisão e nenhum ser humano à vista ou no alcance do som, exceto meu marido, Lars, que está lendo no sótão. O silêncio é total, exceto pela tagarelice dos esquilos e pelos apelos dos pássaros — cardeais-do-norte, gaios-do-mato, um pintassilgo, um peru selvagem e um chapim de crista —, alguns dos quais nos permitiram vê-los no comedouro ou nos deram vislumbres enquanto passavam rapidamente por entre os carvalhos vivos e zimbros nodosos que nos rodeiam completamente.

Do bosque sombreado de árvores, sai uma ovelha solitária. Ela caminha delicadamente entre pedras afiadas, mordiscando a grama nova, sem se importar com a chuva suave, que é facilmente derramada por sua lã oleada. Será que ela está perdida? Onde está o resto do rebanho? Ela parece estar em paz. Depois de pouco tempo, ela desaparece sobre o cume.

UMA VIDA *de* OBEDIÊNCIA

A seguir, vem um porquinho selvagem, um caititu. Ele dá fungadas no chão, encontrando petiscos aqui e ali, mesmo entre essas rochas. Eu noto que ele coxeia levemente, favorecendo o casco dianteiro esquerdo, que parece estar inchado. De repente, ele levanta seu nariz de botão, inclinando-o como um disco de radar em direção ao comedouro de pássaros, de onde recebe a notícia de algo comestível. Ele treme por um momento, cheirando em êxtase, salta brotando do chão em um arco limpo, mas não alto o suficiente, nem mesmo perto o suficiente do comedouro. Aterrissando dolorosamente no pé machucado, ele não faz nenhum som de reclamação e ziguezagueia para dentro das árvores novamente. Eu gostaria de poder amarrar o casco, confortá-lo de alguma forma. Isso está além do meu poder, mas eu recorro a outro tipo de socorro, melhor do que qualquer curativo. Eu oro por ele. "Olha ali o seu porco, Senhor. Por favor, cure a pata dele". É possível que ele tenha sido trazido à minha janela essa manhã (o caititu normalmente é uma criatura noturna tímida) precisamente para ser o objeto de uma oração.

Quanto mais o indivíduo chega ao centro das coisas, mais capaz ele é de observar as conexões. Tudo o que foi criado está conectado, pois tudo é produzido pela mesma mente, pelo mesmo amor, e depende do mesmo Criador. Aquele que idealizou o universo, o Senhor Deus Onipotente, é aquele que chamou as estrelas à existência, que ordenou a luz, que falou a Palavra que trouxe a existência do tempo e do espaço e toda forma de matéria: sal e pedra, rosa e madeira vermelha, penas e peles, e barbatana e carne. O chapim de crista e o peru respondem

12

Criação, cuidado, chamado

ao Criador. As ovelhas, o porco e o tentilhão são dele, estão à disposição dele, possuídos e conhecidos por ele.

Nós também somos criados, pertencemos, somos posse, somos conhecidos. Somos dependentes, assim como o caititu é dependente. Conforme olho para a ovelha, tranquila, dependente, encontrando seu alimento provido pelo Senhor, eu penso em como ele provê para mim também.

Meu pai foi um ornitólogo amador que, quando jovem, se interessava pelas aves muito antes da observação de pássaros se tornar um passatempo popular. Ele andava no bosque e imitava os chamados e os cantos dos pássaros, muitas vezes os atraindo para perto, nos galhos sobre sua cabeça. Ele dava palestras, ilustradas com slides coloridos, nas quais falava sobre os hábitos dos pássaros e imitava lindamente seus cantos. Ele quase sempre fechava sua palestra com estas palavras:

> Disse o Tordo ao Pardal:
> "Realmente gostaria de saber
> por que os humanos ansiosos
> preocupados, estão a correr".

> Disse o Pardal ao Tordo:
> "Amigo, acho que isso deve ser
> porque eles não têm Pai celeste
> como o que cuida de mim e de você".[1]

---

1 Elizabeth Cheney, "Overheard in an Orchard".

Será que nós não temos um Pai amoroso assim? É claro que temos.

> [...] Fizeste todas elas com sabedoria! A terra está cheia de seres que criaste. [...] Todos eles dirigem seu olhar a ti, esperando que lhes dês o alimento no tempo certo; tu lhes dás, e eles o recolhem [...]; quando lhes retiras o fôlego, morrem e voltam ao pó. Quando sopras o teu fôlego, eles são criados [...].[2]

> Lancem sobre ele toda a sua ansiedade, porque ele tem cuidado de vocês.[3]

> Observai as aves do céu: não semeiam, não colhem, nem ajuntam em celeiros; contudo, vosso Pai celeste as sustenta. Porventura, não valeis vós muito mais do que as aves?[4]

Estou de volta a Massachusetts agora.

Ontem à noite, quando o sol se punha, uma densa névoa se enrolava ao largo do mar. Eu pude ver as formas escuras das gaivotas no meio do mar, atirando-se para o oeste, sem dúvida para a Ilha de Kettle, onde elas se empoleiram à noite, guiadas

---

2 Salmos 104.24, 27-30, NVI.
3 1 Pedro 5.7, NVI.
4 Mateus 6.26.

Criação, cuidado, chamado

pelo que o mundo chama de "instinto", que é provavelmente a maneira dos cientistas dizerem que não fazem ideia do que as guia. Eu acredito que Deus é quem as guia. Será que elas estão cientes disso? Será que o tordo e o pardal sabem que são cuidados? Não sabemos. Sabemos sim que há uma diferença profunda entre eles e nós.

Dizemos "livre como um pássaro", mas a verdade é que Deus quis que fôssemos mais livres do que os pássaros. Ele nos fez à sua imagem, o que significa que ele nos deu coisas que não deu aos pássaros: razão, vontade e poder de escolha.

Deus me chama. Em um sentido mais profundo do que qualquer outra espécie de criatura ligada à terra, eu sou chamada. E, num sentido mais profundo, sou livre, pois posso ignorar o chamado. Posso fazer ouvidos surdos. Posso dizer que nenhum chamado veio. Posso negar que Deus me chamou ou mesmo que Deus existe. Que dom de graça surpreendente – que aquele que me fez me permite negar sua existência! Deus me criou com o poder de desobedecer, pois a liberdade de obedecer não seria nada sem a correspondente liberdade de desobedecer. Eu posso responder não ou posso responder sim. Minha realização como ser humano depende da minha resposta, pois é um Senhor amoroso que me chama por entre a névoa do mundo para sua ilha de paz. Se eu confiar nele, lhe obedecerei de bom grado.

Disciplina: a resposta ao chamado de Deus

Nenhuma história na Bíblia me capturou mais poderosamente quando eu era criança do que a história do profeta Eli e do menino Samuel. Foi no tempo em que "a palavra do Senhor era mui rara; as visões não eram frequentes. [...] Samuel ainda não conhecia o Senhor, e ainda não lhe tinha sido manifestada a palavra do Senhor"[1]. A criança estava dormindo sozinha no templo, perto da arca de Deus, quando ouviu o que pensava ser a voz de Eli chamando seu nome. Três vezes ele correu obedientemente ao seu mestre; três vezes foi-lhe dito que Eli não o havia chamado. Finalmente, o velho profeta percebeu que era o Senhor e disse ao menino o que dizer da próxima vez.

---

1 1 Samuel 3.1, 7.

UMA VIDA *de* OBEDIÊNCIA

"Então, veio o SENHOR, e ali esteve, e chamou como das outras vezes: Samuel, Samuel! Este respondeu: Fala, porque o teu servo ouve."[2]

Eu acreditava, quando era muito pequena, que se o Senhor podia chamar o menino Samuel, ele poderia me chamar. Muitas vezes, eu lhe dizia: "Fala, Senhor", esperando que ele viesse encontrar-me como havia feito com Samuel. Claro que eu esperava uma voz audível, uma luz na sala, a mão do Senhor pousando palpavelmente sobre a minha. O Senhor, no entanto, não deu esse tipo de resposta, mas a Palavra dele veio até mim de mil maneiras, começando com o fiel ensinamento bíblico que meus pais me deram e continuando através dos anos, linha após linha, preceito após preceito, um pouco aqui e um pouco ali.

Sempre há, nas grandes biografias da Bíblia, um senso do homem sendo confrontado por Deus. A Bíblia é, de fato, um livro sobre Deus e os homens — Deus conhecendo e chamando os homens, e os homens respondendo e conhecendo a Deus.

Deus abençoou Adão e Eva e imediatamente deu-lhes a responsabilidade de serem fiéis, de governarem a terra e tudo o que nela existe. Houve vários intercâmbios entre Deus e Adão antes que ele e Eva decidissem desobedecer-lhe. Quando o fizeram, mesmo que tenha sido ideia de Eva comer o fruto proibido, foi Adão quem foi convocado: "Onde você está?" Adão deu desculpas para si mesmo, mas Deus continuou a se dirigir a ele, fazendo perguntas: "Quem lhe disse?", "Você comeu?", "O

---

2   1 Samuel 3.10.

Disciplina: a resposta ao chamado de Deus

que você fez?". Deus exigia resposta porque ele havia feito uma criatura que era responsável.

Deus confiou a Noé seu plano de destruir a terra. Ele disse a Noé como ele e sua família poderiam escapar do julgamento — se eles obedecessem. "Contigo, porém, estabelecerei a minha aliança. [...] Assim fez Noé, consoante a tudo o que Deus lhe ordenara."[3]

Abraão foi escolhido para ser o "pai de muitas nações". Foi-lhe pedida obediência estrita, obediência que implicaria o sacrifício de um homem de 75 anos: separação de tudo o que lhe era familiar, desenraizamento do ambiente confortável, abandono de posses e segurança material. Mas ele "partiu [...] como lho ordenara o SENHOR".[4]

Moisés foi outro. Não poderia haver nenhuma dúvida em sua mente de que ele estava sendo chamado divinamente quando uma voz (talvez a primeira voz que ele ouvia depois de muito tempo, já que ele estava longe no deserto, cuidando das ovelhas) falou seu nome de dentro do arbusto que estava pegando fogo. Moisés respondeu "Eis-me aqui".

Na vida de Samuel, de Davi, de Jeremias, de Mateus e de Saulo de Tarso, bem como nas de muitos outros na Bíblia, há evidência de um forte senso de ser conhecido, de ser adquirido, possuído, chamado, agido sobre. Eles não foram homens que estavam especialmente preocupados com as perguntas "Será que Deus está me chamando?" e "Como eu posso ser um grande servo de Deus?". Eles não estavam preocupados com o crédito,

---

3 Gênesis 6.18, 22.
4 Gênesis 12.4.

UMA VIDA *de* OBEDIÊNCIA

com planos para a notoriedade ou o sucesso. Quaisquer que fossem os planos que eles tivessem, Deus tinha a precedência.

Quando criança em um lar cristão, eu ainda não tinha uma compreensão da palavra *disciplina*. Eu simplesmente sabia que eu pertencia a pessoas que me amavam e cuidavam de mim. Isso é dependência. Eles falavam comigo e eu respondia. Isso é responsabilidade. Eles me davam coisas para fazer e eu as fazia. Isso é obediência. Isso se soma à disciplina. Em outras palavras, a totalidade da resposta do crente é disciplina. Enquanto há casos em que as duas palavras, *disciplina* e *obediência*, parecem ser intercambiáveis, eu estou usando a primeira para compreender a segunda e sempre pressupondo tanto a dependência quanto a responsabilidade. Poderíamos dizer que a *disciplina* é a "carreira" do discípulo. Ela define a própria forma da vida do discípulo. A *obediência*, por outro lado, refere-se à ação específica.

A disciplina é a resposta do crente ao chamado de Deus. É o reconhecimento não da solução de seus problemas ou do suprimento de suas necessidades, mas de *pertencer a um mestre*. Deus se dirige a nós. Nós somos responsáveis — isto é, devemos dar uma resposta. Podemos escolher dizer "sim" e, assim, cumprir o glorioso propósito do Criador para nós, ou podemos dizer "não" e violá-lo. Isso é o que se entende por responsabilidade moral. Deus nos chama à liberdade, à satisfação e à alegria — mas nós podemos recusar essas coisas. Em um profundo mistério, escondido nos propósitos de Deus para o homem antes da fundação do mundo, está a verdade do livre-arbítrio do homem e da soberania de Deus. Disto nós sabemos: um Deus

Disciplina: a resposta ao chamado de Deus

que é soberano escolheu criar um homem capaz de desejar sua própria liberdade e, portanto, capaz de responder ao chamado.

Jesus, em resposta à vontade do Pai, demonstrou o que significa ser completamente humano quando tomou sobre si a forma de homem e, ao fazê-lo, escolheu, de forma voluntária e contente, tanto a dependência quanto a obediência. A humanidade para nós, assim como para Cristo, significa tanto dependência quanto obediência.

A relutância por parte de homens e mulheres em reconhecer sua dependência indefesa é uma violação da nossa "condição de criatura". A relutância em ser obediente é uma violação da nossa humanidade. Ambas são declarações de independência e, sejam elas físicas ou morais, são essencialmente ateístas. Em ambas, a resposta ao chamado é não.

O adorável hino do bispo Frank Houghton expressa a dependência e a obediência do Filho ao Pai:

> Tu que eras rico em todo o esplendor,
> pobre nasceste e foi por amor;
> trono trocaste pela manjedoura,
> corte brilhante por estrebaria.

> Tu que és Deus de todo louvor
> nasceste homem e foi por amor;
> rebaixou-se para levar ao lar celestial
> o pecador por um plano eternal.

UMA VIDA *de* OBEDIÊNCIA

Tu que és amor além de qualquer palavra
rei e salvador, adoramos-te!
Emanuel, em nós habitando,
torna-nos aquilo o que queres que sejamos.[5]

A disciplina é o "sim" de todo coração ao chamado de Deus. Quando me conheço como alguém chamado, convocado, dirigido, tomado como posse, conhecido, agido, eu ouvi o Mestre. Eu me coloco alegremente, plenamente e para sempre à disposição dele, e diante de tudo o que ele diz, minha resposta é "sim".

---

5 "Thou Who Wast Rich", Christian Praise (London: The Tyndale Press, 1957). Tradução livre.

Como saber que somos chamados?

Eu sou puxada ou atraída pelo chamado de Cristo, assim como a terra é puxada pela força da gravidade. É útil lembrar que a mesma palavra usada para essa força misteriosa também é usada para significar "seriedade" ou "severidade". É uma força que atrai para um centro. Ao responder a essa força e me mover de acordo com ela, não estou mais sem peso. Eu sou séria, severa, "grave". A mesma verdade se aplica tanto ao mundo espiritual quanto ao físico. No espaço, os astronautas experimentam a miséria de não ter nenhum ponto de referência, nenhuma força que os atraia para o centro. O esforço de realizar atividades comuns sem a ajuda dessa atração é, muitas vezes, muito maior do que seria em condições normais (tente derramar um copo de água, comer um ovo frito ou girar uma chave de fenda — a água não cairá, o ovo não ficará no garfo, a chave de fenda não girará: *você* girará). Onde não há

UMA VIDA *de* OBEDIÊNCIA

"gravidade moral" – ou seja, nenhuma força que nos atraia para o centro – há ausência de peso espiritual. Flutuamos nos sentimentos que nos levarão aonde nunca quisemos ir; borbulhamos com experiências emocionais que muitas vezes tomamos por espirituais; e ficamos cheios de orgulho. Em vez de seriedade, há tolice. Em vez da gravidade, petulância. O sentimentalismo toma o lugar da teologia. Nosso ponto de referência nunca servirá para manter nossos pés sobre rochas sólidas, pois nosso ponto de referência, até que respondamos ao chamado de Deus, somos apenas nós mesmos. Não podemos dizer qual é o fim. Paulo os chama de tolos que "[medem-se] consigo mesmos e [comparam-se] consigo mesmos."[1]

Como sabemos que somos chamados? Essa pergunta é feita repetidas vezes, sendo as respostas muito variadas e confusas. O Novo Testamento contém muitas expressões do chamado do cristão:

> E vocês também estão entre os chamados para pertencerem a Jesus Cristo.[2]

> [...] fostes chamados à comunhão de seu Filho Jesus Cristo, nosso Senhor.[3]

> Irmãos, pensem no que vocês eram quando foram chamados.[4]

---

1 2 Coríntios 10.12.
2 Romanos 1.6, NVI.
3 1 Coríntios 1.9.
4 1 Coríntios 1.26, NVI.

Como saber que somos chamados?

O chamado para ser um cristão.[5]

Chamados à liberdade.[6]

Chamados para serem homens livres.[7]

Viver de maneira digna ao chamado.[8]

[...] vocês foram chamados para viver em paz.[9]

Quem foram essas pessoas a quem Paulo estava escrevendo em cada uma dessas frases? Eram uma raça especial, marcada, talvez, por dons notáveis e perfeição física? Sabemos que eram pessoas comuns, pessoas que tinham sido, antes de crerem, todo tipo de pecadores. Como Paulo poderia ter tanta certeza de que eles eram "chamados"? Ora, pela obediência deles, é claro. A certeza vem com a obediência. É somente através da ação que o chamado de Deus é conhecido. Os convites já foram emitidos:

> Vinde a mim, todos os que estais cansados e sobrecarregados, e eu vos aliviarei. Tomai sobre vós o meu jugo e aprendei de mim, porque sou manso e humilde de coração.[10]

> Se alguém tem sede, venha a mim e beba.[11]

---

5 1 Coríntios 7.22; tradução livre da New English Bible (NEB).
6 Gálatas 5.13.
7 Gálatas 5.13; tradução livre da New English Bible (NEB).
8 Efésios 4.1; tradução livre da New English Bible (NEB).
9 Colossenses 3.15.
10 Mateus 11.28-29.
11 João 7.37.

UMA VIDA *de* OBEDIÊNCIA

"Ele chamou o povo a si, bem como seus discípulos, e lhes disse: 'Qualquer um que deseja ser meu seguidor deve deixar o eu para trás; deve tomar a sua cruz e vir após mim'".[12] É importante notar que esse chamado foi emitido tanto ao povo comum quanto aos discípulos. "Qualquer um que deseja" poderia vir se aceitasse as condições.

Nunca precisamos fazer a pergunta: "Como sei que sou chamado?". Antes, devemos perguntar: "Como sei que *não* sou chamado?". Somos obrigados a arriscar, agir, confiar em Deus, fazer um começo. Isso é o que Jesus sempre pediu àqueles que vinham a ele em busca de qualquer tipo de ajuda. Às vezes, Jesus pedia que eles contassem seus casos ("O que você quer que eu faça?"), que afirmassem seus desejos ("Você quer ser curado?") e, muitas vezes, que *fizessem* algo positivo ("Estenda sua mão") antes que ele pudesse fazer seu trabalho. Deveria haver evidência de fé, algum tipo de começo da parte das pessoas. O primeiro passo de fé é seguido por uma caminhada diária de obediência, e é enquanto continuamos com ele na Palavra que temos a certeza de que fomos, de fato, chamados e não temos nada a temer. O medo mais comum do verdadeiro discípulo, eu suponho, é sua própria indignidade. Quando Paulo escreveu aos coríntios, um grupo de cristãos que tinha feito algumas trapalhadas terríveis mesmo dentro da própria igreja, ele, ainda assim, nunca duvidara do chamado daquelas pessoas, pois elas estavam preparadas para ouvir a Palavra e para serem guiadas e corrigidas. Não foi a *perfeição* da fé dos coríntios que convenceu Paulo de que eles eram chamados. Eles tinham feito um começo. Naquele início, Paulo encontrou provas de fé: "Tal é a confiança

---

12 Mateus 16.24; tradução direta da NEB.

Como saber que somos chamados?

que temos diante de Deus, por meio de Cristo. Não que possamos reivindicar qualquer coisa com base em nossos próprios méritos, mas a nossa capacidade vem de Deus".[13]

Algumas vezes, os jovens me dizem: "Eu simplesmente morrerei se Deus me chamar para ser um missionário" ou coisas do tipo.

"Maravilhoso!", eu digo. "Esse é o melhor modo possível de começar. Você não será de muita utilidade em um campo missionário, a menos que 'morra' primeiro". As condições para o discipulado começam com "morrer", e, se você der o primeiro passo, muito provavelmente descobrirá que foi, de fato, "chamado".

Tanto o desejo como a convicção desempenham um papel na vocação. Muitas vezes o desejo vem em primeiro lugar. Pode haver uma inclinação natural, ou um interesse despertado por informações, ou talvez um anseio inexplicável. Se esses sentimentos, às vezes enganosos, são oferecidos ao Mestre e submetidos ao teste da sua Palavra, eles serão confirmados por vários meios e se tornarão uma convicção. Às vezes, a convicção vem primeiro, acompanhada não sempre pelo desejo, mas pelo medo ou pavor, como no caso dos profetas do Antigo Testamento, aos quais foram dadas tarefas muito difíceis. A única coisa a ser feita então é levantar-se e partir.

No livro *Príncipe Caspian*, de C. S. Lewis, a criança Lúcia, tendo-se perdido com seus irmãos e irmã, encontrou finalmente o grande Leão, brilhando branco ao luar. Os outros não puderam vê-lo em outras ocasiões e Lucy estava certa de que não acreditariam que ela o havia encontrado dessa vez.

---

13 2 Coríntios 3.4-5; NVI.

UMA VIDA *de* OBEDIÊNCIA

"Espero aqui por você", disse Aslam. "Vá acordar os outros: eles devem segui-la. Se não quiserem vir, você pelo menos terá de acompanhar-me".

É desagradável ter de acordar quatro pessoas mais velhas, ainda por cima cansadas, para dizer-lhes uma coisa na qual provavelmente elas não irão acreditar, e para convencê-las a fazer aquilo que não querem. Lúcia disse para si mesma: "É melhor nem pensar! Tenho é de ir em frente e topar o desafio!"[14]

Ela o faz, e eventualmente eles a seguem. Quando encontram Aslam, ele tinha o aspecto "tão majestoso que todos ficaram contentíssimos, tão contentes quanto é possível a pessoas que sentem medo e tão cheios de medo quanto é possível a pessoas que se sentem contentes".

Para Lúcia, crer era ver. Os outros não podiam crer, a princípio, porque não viam. É sempre assim. Só o crente será capaz de ouvir o chamado. Ele vem de além de nós mesmos, além de nossa sociedade, além do clima de opinião, preconceito, rebelião e ceticismo em que vivemos, além do nosso tempo e do nosso gosto. O chamado atrai em direção ao centro de todas as coisas, aquele lugar imóvel sobre o qual T. S. Eliot escreveu:

Contra a Palavra o mundo inquieto ainda girava
acerca do centro da Palavra silenciosa.[15]

---

14 C. S. Lewis, *O Príncipe e a Ilha Mágica* (São Paulo: ABU Editora, 1984), 109-110, 116.
15 T. S. Eliot, "Ash Wednesday", *The Waste Land and Other Poems* (New York: Harcourt Brace and World, Inc., 1962).

Debaixo de ordens

Disciplina cristã significa colocar-se debaixo de ordens. Não é um mero negócio de autoaperfeiçoamento, que pode ser listado com leitura rápida, observação de peso, corrida, gerenciamento de tempo, reparos domésticos ou com como ganhar amigos. Tais programas têm um forte apelo que é, em grande parte, egocêntrico: o que há nessas coisas para mim? Vou melhorar meu QI, minha aparência, minha forma, minha eficiência, minha casa, minha conta bancária? Serei mais apreciado, cortejado, levado mais a sério, promovido? Se esses são os objetivos, certamente será útil persegui-los com encorajamento de outras pessoas e na companhia de outros que tenham as mesmas ambições. A pressão social vai longe, mas, no final de um programa tipo "faça você mesmo", depende apenas da força de vontade, o que não é suficiente para a maioria de nós.

O discípulo é alguém que tomou uma decisão muito simples. Jesus nos convida a segui-lo e o discípulo aceita o convite.

UMA VIDA *de* OBEDIÊNCIA

Eu não digo que essa é uma decisão *fácil* e tenho descoberto que ela precisa ser renovada diariamente. As condições não são tais a ponto de atrair multidões. Jesus declarou-lhes[1]:

1. Ele deve deixar o eu para trás;
2. Ele deve tomar a sua cruz;
3. E vir comigo.

O resultado da decisão é garantido:

1. Quem se preocupa com sua própria segurança está perdido;
2. Mas se um homem se deixar perder por minha causa, ele encontrará seu verdadeiro eu.

O discípulo não está por conta própria, deixado sozinho para buscar a *autoatualização*, que é uma nova palavra para o velho *egoísmo*. Ele não está "fazendo suas coisas" para encontrar sua própria vida, ou a liberdade, ou a felicidade. Ele se entrega a um Mestre e, ao fazê-lo, deixa o eu para trás. Qualquer vida ordinária em qualquer cidade ordinária oferece amplas oportunidades para se fazer isso. Andando em um ônibus nova-iorquino recentemente, vi uma mulher se aproximar e abrir uma pequena parte de uma janela. O ônibus estava muito lotado e eu fiquei feliz por um pouco de ar fresco. A janela, porém, foi raivosamente fechada por outra mulher.

---

1 Referência a Mateus 16.24-25.

Debaixo de ordens

"Não está frio", disse a primeira. "Será que não podemos ter um pouco de ar?"

"Não. Nas *minhas* costas você não pode", veio a réplica, uma perfeitamente natural.

O discípulo, entretanto, vive por uma regra diferente, uma regra não natural para qualquer um que seja pecador. Ele se deixará "perder". Esse é o grande princípio da cruz que ele toma: de sua própria perda vem o ganho do outro, do seu desconforto vem o conforto do outro. Quão facilmente professamos uma vontade de seguir, imaginando algum trabalho notável para Deus, algum grande martírio, mas nos esquecemos da primeira condição no minuto em que há um pouco de ar frio na parte de trás do nosso pescoço.

Quando eu estava na faculdade, ao sair o anuário, era costume pedir aos amigos que o assinassem. Normalmente eles escreviam algumas palavras além da assinatura, e quando uma garota pedia o autógrafo de um homem que ela admirava de forma especial, ela esperava secretamente alguma pista dos sentimentos dele em relação a ela nas palavras que ele escrevesse. Jim Elliot assinou seu nome em meu anuário do Wheaton College, a *Torre*, e acrescentou apenas uma referência das Escrituras: 2 Timóteo 2.4.

"Nenhum soldado em serviço se envolve em negócios desta vida, porque o seu objetivo é satisfazer àquele que o arregimentou".[2] A mensagem estava em alto em bom som. Quaisquer esperanças que eu pudesse ter entretido, quaisquer

---

2 2 Timóteo 2.4.

UMA VIDA *de* OBEDIÊNCIA

sentimentos que o próprio Jim pudesse ter tido por mim, os quais ele não expressou na época, deveriam dar precedência ao princípio que guiava a vida dele. Ele não tinha a liberdade de fazer planos para o futuro já que estava à disposição de outro alguém.

Qualquer "soldado", qualquer candidato à disciplina cristã, deve apresentar-se diariamente ao seu comandante para o serviço. Ao seu dispor, Senhor. O que o soldado faz para o oficial não está na categoria de um favor. O oficial pode pedir qualquer coisa. Ele dispõe do soldado como quiser. O próprio pensamento é um horror para a mente moderna. "Ninguém vai *me* dizer o que fazer. Ninguém tem o direito de dispor de *mim*".

Esse padrão de pensamento tem seu poderoso efeito também sobre os cristãos, de modo que chegamos a imaginar que o discipulado é, de certa forma, um "extra". Supomos que podemos ser cristãos, indo à igreja, fazendo nossas orações, cantando aquelas doces canções de amor e sentimento, compartilhando e louvando, sem assumir nossa parte de dificuldade. Aqueles que desejam fazer uma oferta especial de santidade, dizemos a nós mesmos, podem tentar a disciplina ("ela tem seu lugar") como se fosse um estilo de vida estranho ou fanático, e não uma coisa para a maioria de nós.

É como se fôssemos cristãos sem sermos discípulos.

"Sim, eu quero ser cristão, mas não, eu não quero ser seu discípulo, Senhor. Pelo menos, ainda não. Isso é esperar demais".

"Sim, eu serei um discípulo, mas não, certamente não quero deixar meu eu para trás".

Debaixo de ordens

"Eu deixarei meu eu para trás se o Senhor assim o disser, mas não me peça para pegar nenhuma cruz. Não tenho certeza se me sentiria confortável com isso".

"Seguir-te, Senhor? Bem, sim, claro — mas será que eu poderia ter uma pequena informação sobre para onde estamos indo, por gentileza?"

Nada poderia estar mais longe do espírito do Evangelho. A própria razão pela qual Cristo morreu foi "para que os que vivem não vivam mais para si mesmos, mas para aquele que por eles morreu e ressuscitou".[3]

Ser cristão, em termos do Novo Testamento, é ser um discípulo. Não há duas maneiras de ser cristão. Temos um Salvador que nos perdoou e nos salvou da penalidade do pecado. A maioria de nós ficaria feliz por isso, mas ele morreu para nos salvar também de nossos *pecados*, muitos dos quais amamos e odiaríamos ter que nos separar deles. Cristo não poderia ter feito isso se ele não fosse Senhor sobre todos os poderes do mal. Jesus Cristo é Salvador porque ele é Senhor. Ele é Senhor, porque ele é Salvador. Eu não posso ser salva de meus pecados a menos que eu também seja salva de mim mesma, então Cristo deve ser o "oficial comandante" em minha vida.

---

3 2 Coríntios 5.15.

Graça, Livro, Espírito — e mais uma coisa

Uma mulher com excesso de peso me disse que havia orado durante anos para que Deus lhe tirasse o apetite. Ele não o fez. Ela continuou a ganhar peso até ficar descontente consigo mesma. "Senhor, por que não respondes à minha oração e tiras o meu desejo de comer?", perguntou ela.

"Então o que *você* teria que fazer?", ele lhe perguntou.

"Vi imediatamente que eu tinha uma responsabilidade. Eu não teria tido nenhuma responsabilidade se eu não tivesse a tentação de comer. Percebi que Deus não ia facilitar tanto para mim — eu tinha que começar a me disciplinar e a confiar nele para me ajudar na minha decisão".

Deus não faz todos os movimentos por nós. Ele nos dá os meios para a disciplina. Será que a disciplina, então, nos salvará? Não, é Cristo quem nos salva. Precisamos ser muito claros a esse respeito. Desde os primeiros dias do cristianismo,

UMA VIDA *de* OBEDIÊNCIA

as pessoas caíram no erro de pensar na disciplina como um meio de salvação.

A salvação é um presente, puramente um presente, para sempre um presente. É a graça, e nada além da graça, que a obtém para nós. A disciplina não é minha reivindicação sobre Cristo, mas a prova da reivindicação dele sobre mim. Eu não o "torno" Senhor, eu o reconheço como Senhor. Fazer isso com honestidade envolve a plena intenção de fazer a vontade dele, ou seja, de viver sob a disciplina da Palavra dele. Mas mesmo isso não é algo que conseguimos sozinhos. Três coisas nos ajudam.

Se nós somos cristãos, estamos sob a *graça*. Somos disciplinados por ela. "Porque a graça de Deus se manifestou [...] e por ela somos *disciplinados* a renunciar a caminhos ímpios e a desejos mundanos, e a viver uma vida de temperança, honestidade e piedade".[1]

Se nós somos cristãos, temos um *livro* de regras. Somos disciplinados por ele. "Toda escritura é inspirada por Deus e útil [...] para a renovação dos modos e para a *disciplina* no viver reto".[2]

Se nós somos cristãos, temos o *Espírito* de Deus. Somos disciplinados por ele. "O espírito que Deus nos deu não é um espírito de covardia, mas um que inspira *autodisciplina*".[3]

Aí está. A graça torna isso possível; a Escritura aponta o caminho; o Espírito inspira – mas há mais uma coisa. Ainda há algo que o *homem* pode fazer, e essa é a maior coisa que

---

1 Tito 2.11-12; Tradução livre da versão New English Bible (NEB); *itálico adicionado.*
2 2 Timóteo 3.16; Tradução livre da NEB; *itálico adicionado.*
3 2 Timóteo 1.7; Tradução livre da NEB; *itálico adicionado.*

Graça, Livro, Espírito — e mais uma coisa

qualquer homem pode fazer: depositar sua plena confiança no Deus vivo. Fé é a única coisa exigida.

Há algo que finge ser cristianismo, mas que é, na maioria das vezes, um humor. A medida de sua fé é apenas a medida do sentimento.

"Adoro o sentimento que tenho quando me encontro com o maravilhoso povo de Deus" é uma canção que descreve tudo o que algumas pessoas sabem sobre fé. Quando o sentimento está lá, eles tem fé. Quando o sentimento foi embora, eles perderam a fé.

Tiago coloca isso de forma bem clara em sua epístola:

> Meus irmãos, qual é o proveito, se alguém disser que tem fé, mas não tiver obras? Pode, acaso, semelhante fé salvá-lo? Se um irmão ou uma irmã estiverem carecidos de roupa e necessitados do alimento cotidiano, e qualquer dentre vós lhes disser: Ide em paz, aquecei-vos e fartai-vos, sem, contudo, lhes dar o necessário para o corpo, qual é o proveito disso? Assim, também a fé, se não tiver obras, por si só está morta.
>
> Mas alguém dirá: Tu tens fé, e eu tenho obras; mostra-me essa tua fé sem as obras, e eu, com as obras, te mostrarei a minha fé. Crês, tu, que Deus é um só? Fazes bem. Até os demônios creem e tremem. Queres, pois, ficar certo, ó homem insensato, de que a fé sem as obras é inoperante? Não foi por obras que Abraão, o nosso pai, foi justificado, quando ofereceu sobre o altar o próprio filho, Isaque? Vês como a fé operava

UMA VIDA *de* OBEDIÊNCIA

juntamente com as suas obras; com efeito, foi pelas obras que a fé se consumou.[4]

Essa fé não é nem um humor nem um sentimento, mas a obediência prática é claramente vista quando Jesus coloca a responsabilidade de perdoar diretamente sobre os apóstolos – sete vezes em um dia, disse-lhes Jesus, eles devem perdoar o mesmo homem. Eles perceberam vagamente que isso exigiria fé e que a fé deles não era grande coisa. O humor e o sentimento não fariam muito para permitir que eles obedecessem a essa ordem. "Senhor, aumenta-nos a fé!", disseram eles, muito provavelmente se refugiando da obediência, deixando implícito que não se poderia esperar que eles obedecessem até que, por algum milagre especial da graça, lhes fosse dada uma superabundância de fé. Superabundância de fato! Ora, mesmo a fé não maior do que uma semente de mostarda poderia desarraigar uma amoreira, disse-lhes Jesus. A maneira de aumentar a fé deles era ficarem ocupados e fazerem o que deveriam fazer, e "depois de haverdes feito quanto vos foi ordenado, dizei: Somos servos inúteis, porque fizemos apenas o que devíamos fazer".[5]

Não há muito desse espírito hoje em dia. Nós não reconhecemos o senhorio. Não nos vemos como à disposição do Senhor. Esperamos apreço. Gostaríamos de pelo menos um agradecimento, e talvez um pequeno tapinha de aprovação nas costas.

---

4 Tiago 2.14-22.
5 Lucas 17.10.

Graça, Livro, Espírito — e mais uma coisa

"Se agradasse ainda a homens", disse Paulo, "não seria servo de Cristo".[6] É àquele que está no comando que devemos prestação de contas do que fazemos, não aos expectadores. Quando um servo faz um serviço, isso é meramente o que é esperado dele. Não há nada fora do ordinário sobre isso.

Um casal que eu conheço estava casado há apenas uma ou duas semanas quando a esposa foi às compras. O marido se perguntava o que poderia fazer por ela, enquanto ela estava fora, que lhe agradaria e a surpreenderia, e lhe mostraria o quanto ele a amava. Veio-lhe à mente um plano brilhante. Ele se ajoelhou e esfregou o chão da cozinha. Foi uma tarefa humilhante em sua opinião, e ele se sentiu extremamente humilde ao realizá-la. Como Ann ficaria espantada! Ele esperou ansioso pela volta dela, pensando que grande bênção é o ato de dar.

Ela dirigiu pela entrada da garagem, desfilou pela cozinha, colocou as sacolas de supermercado no balcão e olhou para o chão.

"Oh, o chão está limpo. Obrigada, querido!" foi tudo o que ela disse e foi arrumar as coisas.

O homem me disse que ficou se sentindo para baixo durante três dias. Ele ficou magoado; sentiu-se insultado; não foi devidamente apreciado; e a bênção de dar foi drenada em um instante porque ele não tinha recebido o tipo de agradecimento que esperava.

Ann não tinha ideia de qual era o problema. O que *ela* não sabia era que seu marido nunca ouvira falar de um homem

---

6 Gálatas 1.10.

UMA VIDA *de* OBEDIÊNCIA

fazendo algo como esfregar um chão para sua esposa, especialmente de forma voluntária, que tivesse pensado nisso tudo sozinho. O que *ele* não sabia era que, na família de sua esposa, nenhuma mulher jamais havia feito esse trabalho. O pai dela considerava aquele um trabalho de homem e o fazia naturalmente.

Aquele jovem marido levou a lição a sério. Ele agora acredita que seria sábio para todo cristão estabelecer como lema pessoal a lição que Jesus ensinou: "Somos servos inúteis, porque fizemos apenas o que devíamos fazer".[7]

Foi-nos dada uma tarefa. A fé é essa tarefa. Não nos deixemos iludir pensando que estamos fazendo qualquer contribuição para nossa salvação eterna, que estamos fazendo um favor a Deus ou que ele nos deve qualquer coisa pela obra feita.

> Porque pela graça sois salvos, mediante a fé; e isto não vem de vós; é dom de Deus; não de obras, para que ninguém se glorie. Pois somos feitura dele, criados em Cristo Jesus para boas obras, as quais Deus de antemão preparou para que andássemos nelas.[8]

Projetado para boas obras. É tão simples quanto isso. Foi uma ideia de Deus. Ele fez o projeto. Ele espera que nós trabalhemos, assim como o projetista de um instrumento de precisão; se ele entende os princípios envolvidos e faz o projeto de acordo, ele espera que a coisa funcione. Não é um grande crédito para o instrumento se ele funcionar.

---

7 Lucas 17.10.
8 Efésios 2.8-10.

Um Deus soberano e a escolha do homem

A analogia do instrumento se rompe. Ela pode nos ajudar a compreender a vontade do Criador e seu poder absoluto sobre o que ele faz, mas deixa de fora a vontade do homem. Não seria possível, no âmbito deste livro, lidar de forma adequada, ou mesmo boa, com a questão da soberania de Deus, mesmo que eu estivesse equipada para fazê-lo. Não estou tão equipada para isso. Mas talvez eu possa apontar algumas coisas que me ajudaram a compreender certos aspectos desse mistério teológico.

Se Deus está no controle das coisas grandes, ele também deve estar no controle das pequenas. É um absurdo dizer que ele controla os ventos, as tempestades e os oceanos, mas não as pressões que os movem, ou que ele vê os limites do mar e faz as marés subirem e baixarem, mas não tem nada a ver com cada onda, com as criaturas que nadam nelas ou com os meandros das moléculas e átomos que compõem o todo.

Recentemente, tomei conhecimento de uma pequena criatura maravilhosa chamada diatomácea. Trata-se de algas unicelulares, sendo a maior diatomácea de apenas 1 milímetro de diâmetro. Elas têm sido chamadas de as "plantas" mais vitais da Terra, embora, uma vez que elas nadam e escavam, haja espaço para debate sobre se esse é um rótulo acertado. Elas fornecem mais alimento do que qualquer outro ser vivo, mas se tudo o que o projetista tinha em mente era forragem, ele não precisava tê-las feito tão extravagantes. As diatomáceas existem em uma tremenda variedade de formas, incluindo rodas de pino, espirais, discos, varetas, ovais, triângulos e, até mesmo, estrelas e candelabros. Muitas criaturas minúsculas as comem, incluindo copépodes e krills (sobre os quais eu nunca ouvira falar até que aprendi sobre diatomáceas). Os peixes as comem, assim como as baleias jubarte, que conseguem engolir várias centenas de bilhões de diatomáceas a cada poucas horas. As baleias assassinas as adoram, mas são necessárias cinco toneladas das pequenas estrelas e candelabros para satisfazer 1 quilo de baleia assassina.

Quem construiu essa espantosa cadeia alimentar?

Albert Einstein escreveu: "Um espírito se manifesta nas leis do universo, muito superior ao do homem, e um espírito em face do qual nós, com nossos modestos poderes, devemos nos sentir humildes. A causalidade tem que existir. O universo não poderia operar sobre o acaso. Deus não joga dados".

Deus, o causador de tudo isso, também "nos leva a causar".

Um Deus soberano e a escolha do homem

"O poder autodeterminante do indivíduo é parte da predestinação ordenada de Deus e da necessidade *sentida pelo seu amor* de dotar o homem de uma liberdade como a dele, e ele esperava que o homem respondesse à liberdade dele".[1]

Conta-se a história de um pregador que saiu para ver uma fazenda de trigo. Enquanto ele e o fazendeiro estavam olhando as belas ondas de grãos, o pregador disse: "Bem, João, você e Deus certamente fizeram um bom trabalho aqui".

O fazendeiro empurrou seu chapéu de volta na cabeça, olhou silenciosamente para o campo, e disse lentamente: "Você deveria ter visto quando Deus o tinha só para si".

Depois da Encarnação, não conheço uma verdade mais espantosa e humilhante do que um Deus soberano ter ordenado minha participação. Essa é a ordem do universo: cada criatura recebendo seu devido lugar, cada um contribuindo com sua parte para o todo, o homem entre eles. No entanto, o homem é singular em ter recebido sobre si uma tremenda liberdade. O fazendeiro tomou a decisão de plantar trigo. O campo não teria estado lá se ele não tivesse tomado a decisão e feito a prodigiosa quantidade de trabalho necessária para produzir aquela plantação cintilante. Nem teria estado lá se Deus não tivesse providenciado a terra em primeiro lugar, ordenado que o sol brilhasse e que a chuva caísse, e acelerado a vida da semente que João colocara no solo.

Dissemos que a disciplina cristã é um sim de todo o coração que uma pessoa diz ao chamado de Deus. É da maior

---

1 P. T. Forsyth, *The Principle of Authority* (London: Hodder & Stoughton, n.d.), 404, *itálico adicionado*.

UMA VIDA *de* OBEDIÊNCIA

importância que entendamos a necessidade de *duas* vontades, uma criada pela outra e ordenada gratuitamente, ambas operando de acordo. Se esquecermos que existem duas vontades e nos detivermos apenas na vontade soberana de Deus, abdicaremos da nossa responsabilidade e cairemos no fatalismo do Islã, que deixa tudo para o inescrutável e incognoscível. Se, por outro lado, nos esquecermos da soberania de Deus e nos enxergamos como independentes, tomaremos como nossa toda a responsabilidade e deixaremos Deus fora dela — em outras palavras, nos tornaremos Deus. Em ambos os casos, não fazemos a vontade dele e o resultado é a perda de nossa alegria e liberdade.

Deus organizou as coisas de tal forma que sua própria ação está ligada à ação dos homens. A Bíblia está repleta de exemplos de um Deus amoroso e poderoso escolhendo homens pecadores e fracos para realizar seus propósitos, permitindo-lhes a dignidade de agir em liberdade e, assim, de ter uma parte *volitiva* no que ele faz.

Quando o povo de Israel se encontrou "entre o diabo e o profundo mar azul", ou seja, entre os egípcios e o mar Vermelho, eles ficaram desesperados. Eles ficaram furiosos com Moisés por tê-los metido naquela confusão. Moisés prometeu que o Senhor os salvaria se eles apenas se aquietassem. Ele estava correto. O Senhor os salvou, mas não sem cooperação, ou seja, não sem os atos de obediência tanto da parte de Moisés quanto da parte do povo.

"Diga ao povo para ir em frente", disse Deus. Moisés tinha crer que Deus quis dizer isso, e ele tinha que fazer o que

Um Deus soberano e a escolha do homem

Deus disse. Se tivesse duvidado, tudo teria sido perdido. Moisés confiou em Deus e o povo confiou em Moisés. Eles também tinham que obedecer.

"Levanta o teu bordão, estende a mão sobre o mar e divide-o", disse Deus. Moisés certamente deve ter pensado: *Meu bordão? Minha mão? Qual poderia ser a utilidade de qualquer um dos dois em uma situação como essa?* Ele ficou entre uma força irresistível e um objeto imóvel, e como a vara ou a mão poderiam parar uma ou mover o outro era algo que ele não podia imaginar. Mas ele obedeceu. E a soberania de Deus entrou em ação. Um vento se levantou e fez a vontade do Senhor. O mar também obedeceu e os egípcios se afogaram, enquanto os israelitas foram salvos. Aqui está o poder soberano — sobre um homem, sobre um povo, sobre os elementos da natureza, sobre um inimigo. Mas aqui também está um homem agindo em liberdade.

"Resolvi dar cabo de toda carne", disse Deus a um homem chamado Noé, que caminhava com ele. "Faze uma arca. [...] Contigo [...] estabelecerei a minha aliança".[2] Noé o fez. Sua disposição em agir de acordo com as instruções de Deus significou a salvação da raça humana e de todas as espécies de animais. A ação voluntária de Noé e sua fé andaram de mãos dadas. Vemos novamente que a fé está longe de ser um sentimento ou um estado de espírito religioso. Ela não é vaga. Ela ouve a Palavra do Senhor e age. "Assim, também a fé, se não tiver obras, por si só está morta".[3]

---

2 Gênesis 6.13, 14, 18.
3 Tiago 2.17.

UMA VIDA *de* OBEDIÊNCIA

Dizemos que *Noé* construiu a arca, que *Noé* salvou sua família e todos os animais. Do ponto de vista espiritual, foi a fé que construiu a arca, a fé que salvou a família, a fé que colocou o mundo inteiro no erro, e a fé que colocou Noé em Hebreus 11[4], aquela galeria de retratos mostrando como é a fé. Noé conhecia seu soberano.

Quando a vontade do homem age de acordo com a vontade de Deus, isso é fé. Quando a vontade do homem age em oposição à vontade de Deus, isso é incredulidade.

Deus poderia ter escolhido ele mesmo fazer tudo, mas ao invés disso ele concebeu o mundo de tal forma que as aves devem construir ninhos e sentarem-se sobre ovos, micróbios devem decompor organismos, salmões devem lutar rio acima para desovar, minhocas devem arejar o solo, abelhas devem construir favos de mel e o homem deve ter vontade e deve trabalhar.

É a vontade que devemos enfatizar aqui. Nós oramos "Seja feita a vossa vontade assim na terra *como no céu*". A vontade de Deus é sempre feita voluntariamente e de *bom grado* no céu. A vontade de obedecer é uma coisa muito diferente da coerção. Um decano universitário observou certa vez que os estudantes mais felizes de qualquer campus são os músicos e os atletas. "Por quê?", eu perguntei. "Porque eles são disciplinados e se voluntariaram para serem disciplinados". As pessoas sentadas em palestras obrigatórias estão sob disciplina, e as pessoas sentadas na sala de televisão são "voluntárias", mas atletas e músicos se colocam sob um treinador ou diretor que lhes diz o que

---

4 Hebreus 11.7.

Um Deus soberano e a escolha do homem

devem fazer. Eles têm o prazer de fazer a vontade do treinador ou do diretor. Na realidade, eles estão se divertindo.

Deus não nos coage a segui-lo. Ele nos convida. A vontade dele é que nós tenhamos vontade — isto é, ele *deseja a nossa liberdade* de recusar ou de aceitar. Se nós queremos ser discípulos, nós nos colocamos, assim como o jogador de futebol e o instrumentista, sob a direção de alguém. Ele nos diz o que devemos fazer e nós encontramos nossa felicidade em fazê-lo. Não encontraremos a felicidade em nenhum outro lugar. Não a encontraremos fazendo apenas o que queremos fazer e não fazendo o que não queremos fazer. Essa é a ideia popular do que é a liberdade, mas isso não funciona. A liberdade reside no cumprimento das regras. A alegria também está lá. (Se ao menos pudéssemos manter a alegria em vista!) O violinista da orquestra submeteu-se primeiro ao instrutor. Ele obedece às regras estabelecidas pelo instrutor e manuseia o seu instrumento em conformidade. Ele, então, submete-se à música como escrita pelo compositor, prestando atenção às marcações para dinâmica, bem como às notas, às pausas e ao tempo. Finalmente, ele submete-se ao condutor. O condutor lhe diz, seja por palavras ou por gestos, o que ele quer, e o violinista faz exatamente isso.

Existe alguma imagem de liberdade e alegria mais estimulante do que uma orquestra completa — todos serrando, trompetando, batendo, palhetando, soprando, chocando e martelando sob a direção de uma imensa energia e disciplina de um homem que conhece cada nota de cada instrumento em cada concerto, e que sabe como conseguir essa nota exatamente para que ela contribua mais plenamente para a glória da obra

UMA VIDA *de* OBEDIÊNCIA

como um todo? Compare essa imagem, por exemplo, com outras buscas de "felicidade": uma feira municipal em uma tarde quente de domingo, pessoas à vontade na fila do algodão doce, na fila da montanha-russa, na fila para comprar ingressos para o show do Blue Grass, misturadas e se acotovelando entre as multidões suadas, bebês em carrinhos de passeio chorando por sorvete, crianças gritando por mais voltas, pais exaustos, adolescentes de aparência desocupada, cidadãos idosos entediados, todos irritados pela multidão fervilhante, surdos pelo barulho (vendedores ambulantes, galerias de tiroteio, música amplificada tocada no decibel mais alto possível), à procura de diversão. Todos são "livres", por assim dizer, para fazer suas próprias coisas e o resultado é o caos e a cacofonia. A primeira imagem, devo confessar — onde ninguém está fazendo o quer, mas todos são livres *porque* obedecem — é, de alguma forma, muito mais atrativa para mim.

É um grande alívio quando outro alguém está no comando. Ele sabe o que está fazendo e tudo o que você precisa fazer é seguir instruções. Você não se rebela quando ele lhe diz o que fazer. Você fica feliz em receber a ordem. Ele sabe mais do que você, sabe a melhor maneira de realizar o que você quer realizar, e você tem certeza de que estará melhor com ele do que sem ele, mais feliz por obedecer do que por desobedecer.

Por termos aceitado um convite do bispo de Norwich, tivemos a permissão de ir, guiados por um jovem verdugo, até a torre da Catedral de Norwich, onde o público não era admitido. É útil conhecer alguém que está no comando. Nós nos submetemos de bom grado à direção dele.

48

Um Deus soberano e a escolha do homem

Não subimos a torre esperando ser trancados em um calabouço, mantidos a pão e água, e finalmente mortos a machado. Tanto Lars quanto eu queríamos ver de perto a vista da catedral, a cidade e a encantadora zona rural de Norfolk. Havia outro prazer que eu procurava: o de entrar em lugares secretos, sentindo o mistério das escadarias escondidas. Nenhum de nós ficou decepcionado.

Deus nunca nos decepcionará. Ele nos ama e tem apenas um propósito para nós: a santidade, que no reino dele equivale à alegria. Se Lars e eu tivéssemos tido qualquer suspeita de que o bispo quisesse nos prejudicar ou que o verdugo não soubesse para onde ia, certamente não o teríamos seguido até as passagens escuras. Se no fundo de nossos corações suspeitamos que Deus não nos ama e não pode administrar nossos assuntos tão bem quanto nós podemos, certamente não nos submeteremos à disciplina dele.

Nós sabemos que Ele nos ama. Jesus Cristo, pregado em uma cruz, é uma prova irrefutável disso. Nunca pensemos que ele foi "martirizado" para apaziguar um Deus irado, pois "Deus estava em Cristo reconciliando consigo o mundo".[5]

A visão da torre seria uma comparação ruim com o que Deus nos oferece. É na base de uma sólida convicção de que ele é soberano e amoroso que nos comprometemos incondicionalmente com ele, acreditando que o que deixamos para trás é menos do que nada comparado ao que esperamos. Paulo declarou que tudo o que ele ganhou foi "refugo"[6] em comparação com aprender a conhecer a Cristo. O homem que compra um

---

5 2 Coríntios 5.19.
6 Filipenses 3.8.

UMA VIDA *de* OBEDIÊNCIA

campo e encontra nele um tesouro, vende sem hesitação tudo o que possui para poder comprar o campo. Assim é o Reino de Deus. A vista da torre fez valer a pena a subida.

Mas pensemos na subida em si.

Há aqueles que não querem receber Cristo. Aqueles que querem, no entanto, não recebem um reino instantâneo, mas o "direito de se *tornarem* filhos de Deus".[7] Aqui está a verdade da soberania divina e da responsabilidade humana envolta em um único verso. Ele dá àqueles que têm *vontade*. Há muitos níveis de significado aqui que não podemos explorar. O versículo não diz que Deus os torna filhos instantâneos de Deus. O versículo diz que Deus lhes dá o direito de se tornarem. Para aqueles que o recebem, para aqueles que lhe cederam sua lealdade, ele lhes dá o direito de se *tornarem* filhos de Deus. Pedro escreveu: "mediante a fé, [vocês] são protegidos pelo poder de Deus até chegar a salvação prestes a ser revelada no último tempo".[8] O escritor aos hebreus se refere a algumas pessoas nas quais a boa nova, "a palavra que ouviram não lhes aproveitou, visto não ter sido acompanhada pela fé naqueles que a ouviram".[9] Essas referências mostram como é insensato supor que se pode ser cristão sem incluir o problema do discipulado ou que se pode "chegar ao céu" sem se preocupar em ser obediente. É minha obediência, então, aquilo que me abre a porta do céu? É minha vontade, afinal de contas, que determina minha salvação? Não. Os filhos de Deus "não nasceram do sangue, nem da vontade

---

7 João 1.12, NVI. *Itálico adicionado.*
8 1 Pedro 1.5, NVI.
9 Hebreus 4.2.

Um Deus soberano e a escolha do homem

da carne, nem da vontade do homem, mas de Deus".[10] "Não depende de quem quer ou de quem corre, mas de usar Deus a sua misericórdia".[11]

Se reprimirmos nossa obediência até que tenhamos canalizado as profundezas teológicas desse mistério, seremos desobedientes. Há verdades que não podem ser conhecidas a não ser por fazê-las. Os Evangelhos mostram muitos casos daqueles que quiseram compreender em vez de obedecer. Jesus tinha palavras mordazes para eles. Em certa ocasião, ele se voltou desses para aqueles que já haviam crido nele e disse: "Se vocês permanecerdes dentro da revelação que eu lhes trouxe, *vós* são de fato meus discípulos; e *vós* conhecereis a verdade, e a verdade *vos* libertará".[12]

"Permanecer dentro da revelação" certamente significa viver de acordo com o que nos foi mostrado. Significa ouvir e fazer.

Outro aspecto da escalada é o sofrimento.

Para o descrente, o sofrimento apenas o convence de que não se deve confiar em Deus, de que Deus não nos ama. Ao crente, o oposto é verdadeiro. "Bem sei, ó SENHOR, que os teus juízos são justos e que com fidelidade me afligiste".[13]

Uma referência à perseguição dos cristãos de Tessalônica mostra claramente como até mesmo a injustiça no nível humano serve à justiça de Deus ao levar seus servos à santidade. Os crentes de Tessalônica haviam respondido aos problemas com uma fé firme e um amor crescente. "Elas [perseguições e

---

10 João 1.13.
11 Romanos 9.16.
12 João 8.31-32, *itálico adicionado*. Tradução livre da versão New English Bible (NEB).
13 Salmos 119.75.

UMA VIDA *de* OBEDIÊNCIA

tribulações] dão prova do justo juízo de Deus", escreve Paulo, "e mostram o seu desejo de que vocês sejam considerados dignos do seu Reino, pelo qual vocês também estão sofrendo". Ele prossegue para assegurar-lhes de que um dia a conta seria equilibrada. Haveria punição para aqueles que se recusassem a reconhecer a Deus, e glória para os crentes. Paulo orou por eles, "para que o nosso Deus os faça dignos da vocação e, com poder, cumpra todo bom propósito e toda obra que procede da fé".[14]

Vemos aqui o fato claro de uma vontade soberana, operando algumas vezes por meio dos crentes e descrentes e, às vezes, apesar dos crentes e descrentes, tanto no presente como no futuro. O que os perseguidores estavam fazendo aos crentes era maligno. No entanto, por amor de Cristo, os crentes o suportaram e, assim, estavam se provando "dignos do reino de Deus". O Senhor não havia desistido deles. Nada podia separá-los de seu amor. Sua soberania os sustentava. Eles, por sua vez, exerceram a vontade de suportar, mantendo-se dispensáveis para aquele que se despendeu por eles. Finalmente, as orações de Paulo também foram um elemento essencial no pleno funcionamento do propósito de Deus, tendo ele estabelecido o mundo de tal forma que a oração é *necessária* até mesmo para seus próprios planos.

Alguns dos muitos versículos em que quase vemos a harmonia entre as duas vontades em operação são:

E Gideão disse a Deus: "Quero saber se [*tu*] vais libertar
Israel por *meu* intermédio, como prometeste.[15]

---

14 2 Tessalonicenses 1.5, 11, NVI.
15 Juízes 6.36, NVI. *Itálicos adicionados.*

> Porém nós oramos ao nosso Deus *e*, como proteção, pusemos guarda contra eles, de dia e de noite.[16]

> Ao contrário, eu mesmo *me dediquei* ao trabalho neste muro [...] essa obra havia sido executada com a *ajuda* de nosso *Deus*.[17]

> Humilhai-*vos*, portanto, sob a poderosa mão de Deus, para que *ele*, em tempo oportuno, vos exalte.[18]

Essas passagens falam apenas da vontade em harmonia com Deus, mas não podemos ignorar a soberania de Deus também sobre a vontade oposta à dele.

> O rei, pois, não deu ouvidos ao povo, porque isto vinha de Deus, para que o SENHOR confirmasse a palavra que tinha dito por intermédio de Aías, o silonita, a Jeroboão, filho de Nebate.[19]

> Porque verdadeiramente se ajuntaram nesta cidade contra o teu santo Servo Jesus, ao qual ungiste, Herodes e Pôncio Pilatos, com gentios e gente de Israel, para fazerem tudo o que a tua mão e o teu propósito predeterminaram.[20]

---

16 Neemias 4.9, *itálico adicionado*.
17 Neemias 5.16; 6.16, NVI. *Itálicos adicionados*.
18 1 Pedro 5.6, *itálico adicionado*.
19 2 Crônicas 10.15.
20 Atos 4.27-28.

UMA VIDA *de* OBEDIÊNCIA

Vós, na verdade, intentastes o mal contra mim; porém Deus o tornou em bem.[21]

Talvez as palavras mais imensuráveis de todas são aquelas que mostram o Senhor Soberano à mercê dos homens:

Pois o Filho do Homem vai, como está escrito a seu respeito; mas ai daquele por intermédio de quem o Filho do Homem está sendo traído! Melhor lhe fora não haver nascido![22]

Sendo este [Jesus] entregue pelo determinado desígnio e presciência de Deus, vós o matastes, crucificando-o por mãos de iníquos.[23]

A Bíblia não explica tudo o que é necessário para nossa satisfação intelectual, mas explica tudo o que é necessário para nossa obediência e, portanto, para a satisfação de Deus.

Uma jovem mulher perguntou ao grande pregador Charles Spurgeon se era possível conciliar a soberania de Deus e a responsabilidade do homem. "Jovem mulher", disse ele. "Você não reconcilia amigos".

---

21 Gênesis 50.20.
22 Marcos 14.21.
23 Atos 2.23.

A disciplina do corpo

Um antigo comercial de televisão mostra um homem saindo rapidamente da cama, correndo escada abaixo, engolindo o café de uma xícara, pegando o casaco e a pasta, e explodindo pela porta da frente. A mensagem: "O dia nunca começa cedo demais para um homem compelido por um único objetivo na vida". Ele é um corretor da Bache. Ele mal pode esperar para chegar ao escritório para descobrir o que está acontecendo no mercado, mas pega o telefone da cozinha e pergunta: "Como abrimos hoje em Londres?".

A cobiça por dinheiro e por poder move os homens quando uma escavadeira não é capaz de fazê-lo. Eles vão punir seus corpos, passando a maior parte das horas de vigília, sentados em uma cadeira de escritório, depois exercitando-se furiosamente em uma academia ou em uma pista de corrida, participando de pequenos cafés da manhã, almoços de "negócio" tremendos e jantares de alta caloria, tudo isso para se anteciparem ao mundo e desfrutarem alguns de seus prazeres por uma temporada.

UMA VIDA *de* OBEDIÊNCIA

A santidade nunca foi a força motriz da maioria. Ela, no entanto, é obrigatória para qualquer pessoa que queira entrar no Reino. "Esforcem-se [...] para serem santos; sem santidade ninguém verá o Senhor".[1]

"Porque estais inteirados de quantas instruções vos demos da parte do Senhor Jesus", escreveu Paulo aos tessalonicenses. "Pois esta é a vontade de Deus: a vossa santificação, que vos abstenhais da prostituição; que cada um de vós saiba possuir o próprio corpo em santificação e honra, não com o desejo de lascívia, como os gentios que não conhecem a Deus [...] Porquanto Deus não nos chamou para a impureza, e sim para a santificação".[2]

A disciplina, para um cristão, começa com o corpo. Nós temos apenas um. É esse corpo que é o principal material que nos é dado para o sacrifício. Se não tivéssemos esse corpo, não teríamos nada. Devemos apresentá-lo, oferecê-lo, entregá-lo incondicionalmente a Deus para os propósitos dele. Isso, dizem-nos, é um "ato de adoração espiritual". A doação desse corpo físico, composto de sangue, osso e tecido, que vale alguns dólares em produtos químicos, torna-se um ato espiritual, pois "é o vosso culto racional".[3]

A Bíblia de Jerusalém a traduz da seguinte forma: "Pensai na misericórdia de Deus, meus irmãos, e adorai-o, peço-vos, de uma forma digna de seres pensantes, [isto é, uma nota nos diz, "'de uma forma espiritual', em oposição aos

---

1 Hebreus 12.14, NVI.
2 1 Tessalonicenses 4.2-5, 7.
3 Romanos 12.1.

A disciplina do corpo

sacrifícios rituais de judeus ou pagãos"], oferecendo vossos corpos vivos como um sacrifício santo".[4]

Fracassos espirituais se devem, creio, mais a esta causa do que a qualquer outra: o fracasso em reconhecer esse corpo vivo como tendo algo a ver com adoração ou sacrifício santo. Esse corpo é, colocado de maneira simples, o ponto de partida. Fracassar aqui é fracassar em todos os outros lugares.

"Aquele que veria a face do Lutador mais poderoso, nosso Deus sem limites", escreveu São Alonso de Orozco, "deve primeiro ter lutado consigo mesmo".

Somente aquele que levou a sério a correlação entre o físico e o espiritual e começou a luta pode apreciar a aptidão dessa palavra *lutar*. Os hábitos, por exemplo, nos prendem. Essa amarra deve ser quebrada se quisermos ser livres para o serviço do Senhor. Não podemos entregar nosso coração a Deus e guardar nosso corpo para nós mesmos.

Que tipo de corpo é esse?

É um corpo mortal. Ele não irá durar. Ele foi feito de pó e depois da morte retornará ao pó. Paulo o chamou de corpo "vil", ou um corpo que pertence ao nosso estado de "humilhação",[5] um "corpo do pecado",[6] um corpo "morto"[7] por causa do pecado. Mas ele também é um templo ou um santuário para o Espírito Santo; ele é um "membro" do corpo de Cristo.[8] Ele é, além do mais — e isso faz toda a diferença na forma

---

4 Romanos 12.1; tradução livre da Bíblia de Jerusalém.
5 Filipenses 3.21.
6 Romanos 6.6.
7 Romanos 8.10.
8 1 Coríntios 6.15.

UMA VIDA *de* OBEDIÊNCIA

como o tratamos — completamente redimível, transfigurável, "ressuscitável".

O corpo cristão não apenas abriga o próprio Espírito Santo, mas também o coração, a vontade, a mente e as emoções do cristão — todos desempenhando um papel em conhecermos a Deus e vivermos para ele.

No meu caso, a "casa" é alta, anglo-saxônica, de meia-idade e feminina. Não me perguntaram sobre minhas preferências em nenhum desses fatores, mas foi-me dada uma escolha sobre o uso que faço deles. Em outras palavras, o corpo foi um presente para mim. Se vou agradecer a Deus por ele e oferecê-lo como um sacrifício santo ou não cabe a mim decidir.

O que se entende por disciplinar o corpo?

Um corpo precisa de alimento. A alimentação é uma questão de disciplina para nós que vivemos em países muito ricos, muito civilizados, muito autoindulgentes. Para aqueles que não têm o vasto leque de escolhas que nós temos, a alimentação é uma questão fundamental de subsistência e não um grande impedimento à santidade.

A disciplina é evidente em todas as páginas da vida de Daniel.[9] A história começa com ele sendo escolhido como um de um grupo de jovens de famílias nobres e reais em Israel para servir no palácio de Nabucodonosor, rei da Babilônia. A primeira coisa que distingue Daniel dos outros é sua decisão de não comer a rica comida fornecida pela família real, mas apenas vegetais e água. Ele não queria ser contaminado. Deve ter sido

---

9 Ver Daniel 1.9.

A disciplina do corpo

Deus quem colocou essa ideia na cabeça dele. Certamente foi Deus quem fez o chefe dos oficiais mostrar bondade e boa vontade para com Daniel, concedendo-lhe seu pedido. Era o início da preparação do Senhor de um homem cuja fibra espiritual seria rigorosamente testada posteriormente.

É significativo que apenas 10% dos altos executivos de nosso país estejam acima do peso. Isso me parece indicar que poucos homens que não conseguiram conter o apetite conseguirão chegar ao topo. A contenção física é básica para o poder. Eles o fazem pelo poder neste mundo. Nós o fazemos pelo poder em outro.

Os cristãos devem ter cuidado com o que comem. Não me refiro aqui apenas a comer em excesso, o que é uma coisa ruim, mas a comer as coisas erradas. Doces em demasia, coisas gordurosas em demasia, porcarias em demasia. Passeie por qualquer supermercado e observe o espaço dado a refrigerantes, doces, lanches empacotados, cereais secos. Poderíamos nos sair muito bem sem nada disso. Experimente por uma semana. Você pode ficar surpreso com a sua dependência desses alimentos. Você pode até descobrir que é um viciado.

Como missionária, vivi a maior parte do tempo em regiões bastante remotas da selva sul-americana, onde a comida que estava disponível era toda "natural". Comíamos muita mandioca, um tubérculo rico em amido cultivado pelos índios, que fornecia o básico para a vida deles. Comíamos arroz, feijão, abacaxi, mamão, ovos e qualquer carne que estivesse disponível de tempos em tempos, o que não era frequente. Não havia alimentos preparados para comermos novamente. Não havia

UMA VIDA *de* OBEDIÊNCIA

petiscos entre refeições. Comíamos açúcar, trazido de fora, que costumávamos usar para fazer limonada onde quer que os limões fossem cultivados. Também importávamos farinha de aveia, leite em pó, sal, farinha e, às vezes, luxos como queijo e chocolate. Mas os menus eram relativamente simples e nossa saúde era sempre excelente. É uma coisa boa, me parece, aprender a fazer com menos.

Uma forma de começar a ver quão vastamente indulgente normalmente somos é jejuar.

O jejum foi prescrito pela lei judaica e sempre fez parte da prática cristã.

Uma amiga minha relatou como ela estava martelando à porta do céu para obter resposta a uma oração específica. Nada parecia estar acontecendo. Ela começou a ficar brava com Deus porque ele não estava fazendo nada. Então ele pareceu dizer calmamente. "Por que você não jejua?"

"Então me ocorreu", disse ela. "Eu realmente não me *importava* tanto assim".

Outra amiga disse que discordava completamente da noção de jejum, porque não era mais do que uma tentativa de "fazer queda de braço com Deus". "Ele sabe do que eu preciso, e se ele quer me dar, ele pode. Não há necessidade de eu me tornar uma ascética".

Há pouco entendimento hoje sobre o verdadeiro propósito dos ermitãos e dos anacoretas. Embora houvesse, sem dúvida, alguns que pensavam em comprar seu caminho para o céu crucificando a carne, a verdadeira efetividade baseava-se em sua vontade de servir, entregando-se totalmente à oração e

A disciplina do corpo

à contemplação. Isso envolve sacrifícios de uma ou outra espécie, tanto hoje quanto antes. Ermitões e anacoretas escolheram a solidão, a pobreza, a retirada do mundo, o jejum. Em algumas igrejas da Inglaterra ainda existem ancoragens — celas nas quais os anacoretas ficavam entre quatro paredes durante a vida. Uma delas ainda pode ser vista na Igreja Paroquial de Chester-le-Street, no norte da Inglaterra. A comida era passada para o anacoreta; às vezes as pessoas falavam com ele através de uma abertura; e ele tinha uma abertura, ou "squint", uma fenda na parede através da qual era possível observar a missa na igreja. O povo da cidade se alegrava em saber que alguém estava sempre em oração.

Conheço cristãos que jejuam regularmente — um dia por semana, uma refeição por semana, uma refeição por mês, ou em certos dias do calendário da igreja. Conheço outros que acharam muito útil jejuar quando têm algum assunto especial sobre o qual orar — uma decisão difícil de tomar, um novo projeto para começar, um amigo doente que querem ajudar.

Em Antioquia, Deus disse aos discípulos, enquanto eles jejuavam, para separar Barnabé e Saulo. Então, "jejuando, e orando",[10] os discípulos impuseram suas mãos sobre eles e os enviaram para fazer o trabalho para o qual Deus os havia chamado especialmente. Em Listra, Icônio e Antioquia, Paulo nomeou anciãos e "tendo orado e jejuado, eles os encomendaram ao Senhor, em quem haviam confiado".[11]

---

10 Atos 13.3.
11 Atos 14.23, NVI.

UMA VIDA *de* OBEDIÊNCIA

O bispo John Allen deu cinco boas razões para jejuar:

1. O jejum ajuda a nos identificarmos com os famintos, a quem nos é ordenado servir.[12]
2. Lembra-nos de orar.
3. Faz-nos abertos ao chamado de Deus.
4. Leva-nos a refletir sobre a realização de seu chamado.
5. É um instrumento misterioso da obra do Espírito Santo.

Há algumas coisas que o jejum não faz. Ele nunca me ajudou a esquecer de comer. Na verdade, eu me pego pensando muito sobre isso. (Talvez eu não jejue tempo suficiente.) É um dia longo que não é rompido com as três refeições habituais. Descobre-se o tempo surpreendente que se gasta em planejamento, compra, preparação, alimentação e limpeza das refeições. O aspecto social do jejum é talvez a coisa mais embaraçosa. Jesus nos disse para não deixar que as pessoas soubessem que estamos jejuando, mas para nos arrumarmos como sempre, para que somente nosso Pai, "que [está] em secreto"[13], possa ver. Às vezes é bem impossível manter o jejum em segredo. Conheço a mãe de uma grande família que jejua um dia por semana, mas continua a cozinhar para sua família e se senta com eles à mesa para tomar uma xícara de chá claro. A família dela está acostumada a isso e não se importa. Algumas famílias talvez se importem. O Senhor conhece as circunstâncias do

---

12 Ver Mateus 25.31-46.
13 Mateus 6.18.

A disciplina do corpo

indivíduo e o propósito do coração. No caso de Daniel, Deus tornou possível que ele realizasse seu desejo.

O jejum não permitirá necessariamente que você se concentre. É importante não ficar agitado consigo mesmo, ainda que sua mente vagueie. Peça ao Senhor que o ajude a concentrar-se na oração, na leitura da Bíblia, na meditação. Quando forem detectados sentimentos de orgulho espiritual, confesse-os. Quando o telefone tocar, atenda-o somente se for necessário. Quando os pensamentos da reunião da próxima semana se intrometerem, mencione-os também a Deus e deixe-os com ele enquanto você volta aos assuntos de suas orações. Não fique chocado com sua própria incapacidade de "ser espiritual". Os maiores santos conheciam sua pecaminosidade e fraquezas.

> Aqueles que se alegram o servem melhor,
>
> estão mais cônscios do mal interior.[14]

Não tente sentar-se ou ajoelhar-se em uma posição por muito tempo. Levante-se para orar, ande, saia de casa e ore enquanto caminha. Se não for possível orar em voz alta sem chamar a atenção, ore em um sussurro. Isso será melhor para a maioria de nós do que tentar orar apenas mentalmente, um método que muitas vezes encoraja pouco mais do que o devaneio.

---

14 Henry Twells, "At Even, When the Sun Was Set," *Episcopal Hymnal* (NewYork: Seabury Press, 1943).

UMA VIDA *de* OBEDIÊNCIA

Nos antigos tempos judaicos, um filho teimoso que era glutão e beberrão era apedrejado até a morte.[15] A gula, um dos pecados modernos mais óbvios, é geralmente aceita tacitamente. Pouco se fala sobre isso a partir do púlpito. É muito embaraçoso; chega muito perto de onde as pessoas, muitas vezes incluindo o pregador, vivem. Ninguém que é gordo ousa pregar sobre isso — ele não tem espaço para falar. Raramente alguém que não é gordo terá a coragem de abordar o assunto, pois será dito a essa pessoa que ela não tem o que falar, já que nunca "teve um problema com o peso". (Como alguém sabe? Talvez ele pratique o que prega). Quem, então, sobra para falar?

Embora uma porcentagem muito pequena de pessoas esteja acima do peso por razões fisiológicas, a grande maioria simplesmente come muita coisa que não deveria. É isso mesmo. As calorias que não são queimadas são armazenadas em gordura.

Jean Nidetch, que fundou o Vigilantes do Peso, disse que ela não começou a resolver seu problema até estar disposta a nomeá-lo: GORDA. Ela colocou pequenos sinais por toda a casa sobre os espelhos, no refrigerador, sobre a pia — GORDA, GORDA, GORDA.

Uma vez escrevi um artigo sobre uma viagem de barco no qual descrevi um dos meus companheiros de viagem como uma senhora gorda. Parece que toquei em um nervo muito sensível. Raramente ouço dos leitores, mas ainda estou recebendo cartas irritadas sobre esse artigo. Todas são de mulheres, várias

---

15 Ver Deuteronômio 21.20-21.

A disciplina do corpo

das quais tiveram o cuidado de explicar que elas mesmas não são gordas. "Mas", escreveu uma, "eu tenho alguns amigos volumosos". Eu me perguntava se esses amigos iriam gostar de ser chamados de "volumosos". A Bíblia diz que Eglon era um homem muito gordo. Não está tudo bem escrever sobre uma senhora gorda? Se nos vemos nela e ficamos ofendidos, é hora de fazer algo a respeito.

Muitos cristãos encontraram a força dificilmente esperada do Senhor ao trazer a ele uma necessidade física muito real, muito difícil. Se o peso se tornou literalmente um "fardo", por que não devemos levá-lo ao Senhor e pedir a ajuda dele para vencê-lo? Será que a minha determinação não pode cooperar com Deus nesse assunto assim como em assuntos espirituais? Para alguns, o jejum pode ser o lugar onde a disciplina começa, mesmo que não estejam com excesso de peso. Para outros, ele será o lugar, quer se trate de eliminar os alimentos indesejáveis em prol de uma saúde mais saudável ou de eliminar calorias em prol de um peso normal.

"Acaso, não sabeis [...] que não sois de vós mesmos? Porque fostes comprados por preço. Agora, pois, glorificai a Deus no vosso corpo".[16]

Dormir é outra necessidade. É preciso disciplina para ir para a cama quando se deve, e é preciso disciplina para se levantar. Pense em seus hábitos. Seja honesto com Deus a respeito deles, e se você souber que seus hábitos não estão alinhados

---

16 1 Coríntios 6.19-20.

UMA VIDA *de* OBEDIÊNCIA

com uma vida disciplinada, ore pedindo ajuda de Deus e comece a fazer algo.

Meu pai tinha uma resposta pronta para aqueles que expressavam incredulidade em relação à "capacidade" dele de se levantar tão cedo pela manhã: "Você tem que começar na noite anterior".

Meu grande professor da Bíblia, L. E. Maxwell, foi questionado por um amigo como tinha sido possível ter "obtido a vitória" que lhe permitia levantar-se às quatro ou cinco da manhã. "Quanto tempo demorou? Você tinha alguém orando com você sobre isso?"

"Não, eu me levanto", foi a resposta dele.

Fazemos uma enorme piada sobre nossa autoindulgência e tratamos com diversão nossa incapacidade de nos levantar da cama suficientemente cedo para chegar ao trabalho sem uma correria agitada. Um hino do século XVIII de Thomas Ken pareceria pitoresco hoje em dia:

> Com o sol minh'alma, despertai.
>
> O teu trabalho diário está por fazer:
>
> Deixa a preguiça tediosa, com alegria levantai
>
> para o sacrifício matutino oferecer.[17]

A maioria de nós não se livra muito facilmente da preguiça monótona. "Com *alegria* levantai"? Não é muito realista, não é? Isso não se dá naturalmente para nós. Mas nunca foi

---

17 N. E.: Tradução livre de parte do hino *Awake, My Soul, and with the Sun*, por Thomas Ken.

A disciplina do corpo

natural para ninguém. Nós nos esquecemos disso. A preguiça tediosa é natural. Os seres humanos não mudaram muito em toda a história da humanidade. Então, em vez de descartarmos o compositor de hinos como desesperadamente ultrapassado, será que não poderíamos pedir a Deus sua ajuda para sermos alegres oferecedores de sacrifícios?

"Mas esmurro o meu corpo e o reduzo à escravidão"[18], disse Paulo. Ele colocou isso no contexto de competições atléticas para as quais o prêmio é uma coroa de folhas desbotadas, mas lembrou aos coríntios que eles estavam em um tipo diferente de disputa — por uma coroa eterna que não pode desbotar.

O corpo precisa de exercício. "O exercício físico tem algum valor".[19]

O Papa João Paulo elogiou o atletismo como uma lição para lidar com a vida:

> Cada tipo de esporte traz em si um rico patrimônio de valores, que deve estar sempre presente para que possa ser realizado.
>
> O treinamento na reflexão, o próprio compromisso das energias do indivíduo, a educação da vontade, o controle da sensibilidade, a preparação metódica, a perseverança, a resistência, o suportar a fadiga e as feridas, o domínio das faculdades do indivíduo, o senso de alegria, a aceitação de regras, o espírito de renúncia e solidariedade, a lealdade ao compromisso, a generosidade para

18 1 Coríntios 9.27.
19 1 Timóteo 4.8, NVT.

UMA VIDA *de* OBEDIÊNCIA

com os vencedores, a serenidade na derrota, a paciência para com todos — são um complexo de realidades morais que exigem um verdadeiro asceticismo e validamente contribuem à formação do ser humano e do cristão.

Apesar da enorme popularidade dos jogos organizados e profissionais, bem como dos jogos de tênis e golfe, suponho que a maioria esmagadora das pessoas com mais de 21 anos de idade não joga nada, pelo menos não regularmente.

A corrida e outras formas de exercícios individuais violentos podem ser adequados para alguns. Para outros, seriam atividades extremas. A coisa mais importante é se mover de alguma forma. Não ande quando puder caminhar, e caminhe com força. Quando você puder subir de escadas ao invés de pegar um elevador, vá pelas escadas. Quando você fizer tarefas domésticas, mova-se rapidamente. Se o trabalho de sua vida exige sentar-se em uma mesa a maior parte do dia, você terá que se organizar para colocar seu corpo em movimento. Um dispositivo muito legal para pessoas que acham difícil fazer exercícios ao ar livre é uma pequena cama elástica com cerca de um metro de diâmetro, que é suficientemente baixa para caber debaixo de uma cama quando não está em uso e no qual você pode "correr" sem o risco de precisar de caneleiras ou lesões nas articulações. Um amigo médico nos deu uma dessas de presente de casamento — na esperança, eu suspeito, de que se Lars se exercitasse, ele poderia viver mais do que meus outros maridos.

Os corpos que nos são dados são corpos sexuais, equipados para as relações sexuais. A publicidade moderna nunca

A disciplina do corpo

nos permite esquecer disso. As canções populares se referem a muito pouco além desse assunto. O negócio da moda prospera na provocação sexual através do vestuário. Contudo, estar equipado sexualmente não é uma licença para que possamos usar o equipamento da maneira que escolhermos. Como todo bom presente que vem do Pai das Luzes, o presente da atividade sexual destina-se a ser usado como ele pretendeu: dentro dos limites claramente definidos de seu propósito, que é o casamento. Se o casamento não está incluído na vontade de Deus para um indivíduo, então a atividade sexual também não está incluída.

"O que devo fazer, então, com tudo isso? Tenho tanto para dar — e se ninguém aceitar?"

Dê a Deus.

"Vocês, contudo, não podem dizer que nosso corpo foi feito para a imoralidade sexual. Ele foi feito para o Senhor, e o relacionamento que o Senhor tem conosco inclui nosso corpo",[20] escreveu Paulo.

Oferecer meu corpo ao Senhor como um sacrifício vivo inclui oferecer a ele minha sexualidade e tudo o que isso implica, mesmo meus anseios não realizados.

Hoje em dia, esse conselho será ridicularizado pela maioria dos tribunais. O controle sexual é considerado como um desligamento do qual os verdadeiramente maduros foram liberados. Há ainda aqueles, porém — como tem havido em todas as épocas — que têm como sagrada a relação íntima entre um homem e uma mulher, reconhecendo nela um tipo de amor de

---

20 1 Coríntios 6.13, NVT.

UMA VIDA *de* OBEDIÊNCIA

Cristo por sua própria noiva, a igreja. Como tal, não é para ser profanado.

Essa atitude pode ser mantida apenas pelo fato de a mente estar cativa a Cristo. É um milagre da graça. Não imaginemos que seja nada menos que isso.

Malcolm Muggeridge observa em seu diário que Tolstoi "tentou alcançar a virtude, e particularmente a continência, por meio do exercício de sua vontade; Santo Agostinho viu que, para o homem, não há virtude sem um milagre. Assim, o asceticismo de Santo Agostinho lhe trouxe serenidade, e a angústia de Tolstoi, o conflito e o colapso final de sua vida em trágica bufonaria".[21]

Esse corpo, lembre-se, é para ser ressuscitado. Conforme John Donne[22] apontou há muito tempo, a imortalidade da alma é aceitável para a razão natural do homem, mas a ressurreição do corpo deve ser uma questão de fé.

> Onde estão todos os átomos da carne que a corrosão ou o consumo devoraram? Em que sulco ou intestino da terra jazem todas as cinzas de um corpo queimado há mil anos? Em que canto do mar jaz toda a geleia de um corpo afogado no dilúvio? Que coerência, que simpatia, que dependência mantém qualquer relação ou correspondência entre aquele braço que foi perdido na Europa

---

21 Malcom Muggeridge, entry for March 26, 27, 1951, *Diaries* (London: Collins, 1981).

22 John Donne, *The John Donne Treasury*, ed. Erwin P. Rudolph (Wheaton: Victor Books, 1978), 85.

A disciplina do corpo

e aquela perna que foi perdida na África ou na Ásia com dezenas de anos de intervalo?

Um humor de nosso corpo morto produz vermes, e esses vermes esgotam todo o outro humor, e depois todos morrem e secam e são moldados em pó, e esse pó é soprado para o rio e a água cai no mar, que escorre e flui em infinitas revoluções.

Ainda assim, Deus sabe em que armário jaz cada pérola e em que parte do mundo jaz cada grão do pó de cada homem, e (como seu profeta fala em outro caso) ele assobia para os corpos de seus santos, e num piscar de olhos aquele corpo que estava espalhado por todos os elementos, sentou-se à direita de Deus em uma gloriosa ressurreição.[23]

O conhecimento de que seu corpo será um dia semeado como um corpo natural e ressuscitado como corpo espiritual[24] deve dar uma pausa ao discípulo, deve estimulá-lo a pensar no uso que ele faz dele neste mundo. Mesmo que a carne e o sangue nunca possam ter o Reino, pense em suas partículas sendo "chamadas" para um dia se sentarem com o Senhor.

---

23 "Whistled" for, Zacarias 10.8.
24 Ver 1 Coríntios 15.44.

A disciplina da mente

Em sua biografia do arcebispo francês do século XVII, François de Fénelon, Katharine Day Little escreve: "A vida simples e ordenada era o segredo de seu poder e eficiência, pois sua austeridade era, na realidade, um gasto intencional e racional, mais do que uma mortificação autoconsciente. Representava a beleza de uma mente ordenada e limpa que naturalmente se afastava das futilidades espalhafatosas e da desordem do desnecessário".

Uma vida simples e ordenada representa uma mente limpa e ordenada. O pensamento confuso resulta inevitavelmente em uma vida confusa. Uma casa que está desordenada é normalmente habitada por pessoas cujas mentes também estão desordenadas, que precisam simplificar suas vidas. Isso começa com a simplificação e o esclarecimento de seu pensamento. A mente e a vida precisam ser liberadas da "desordem do desnecessário".

UMA VIDA *de* OBEDIÊNCIA

"Preparem sua mente para a ação e exercitem o autocontrole"[1], é o que Pedro diz que devemos fazer.

Jesus disse que o maior mandamento é "Ame o Senhor, seu Deus, de todo o seu coração, de toda a sua alma e de toda a sua *mente*"[2].

Temos discutido fazer uma oferta do corpo, que é um ato de adoração "oferecido pela *mente* e pelo coração"[3]. A próxima coisa que devemos fazer é permitir que nossas mentes sejam "renovadas" e toda a nossa natureza seja "transformada". Não podemos fazer isso sozinhos. É o Espírito Santo que deve fazer o trabalho. Contudo, devemos abrir nossas mentes para esse trabalho, submeter-nos ao controle dele, pensar nas coisas que importam, e não naquelas que no final não dão em nada. Aqui novamente vemos tanto a necessidade de um Deus soberano trabalhando em nós e por meio de nós, quanto a responsabilidade da pessoa discipular a si mesma para adaptar-se ao que Deus quer fazer.

"Não há nenhum expediente a que um homem não recorra para evitar o verdadeiro trabalho de pensar", escreveu Sir Joshua Reynolds. Tente seguir uma única ideia até sua conclusão. Quantos desvios você fez? Quantas vezes você parou para passar o tempo do dia com outra ideia, totalmente sem relação com a primeira? Quantas vezes você afundou na grama, por assim dizer, à beira da estrada, e deixou sua mente flutuar com as nuvens?

---

1 1 Pedro 1.13, NVT.

2 Mateus 22.37, NVT. *Itálico adicionado.*

3 Romanos 12.1, tradução livre da versão New English Bible (NEB). *Itálico adicionado.*

A disciplina da mente

Hoje, enquanto escrevo, tenho um ambiente perfeito para pensar. Estou em um *hytte* norueguês (uma cabana) em um canal no interior de Sørland, na Noruega. Até onde sei, não há nenhum ser humano por perto e, se houvesse, não poderia dizer muito mais a ele do que o *jeg snakker ikke Norsk* (eu não falo norueguês). Não há telefone, nem serviço de correio, nem encanamento ou eletricidade. É quase como estar de volta à selva. Quem poderia desejar uma situação mais propícia à escrita e ao pensamento?

No entanto, encontro minha mente vagando por mil coisas que não têm nada a ver com este capítulo. Pergunto-me se o tempo vai clarear, então vou até lá para verificar o barômetro. Vou até a doca para ver se a marta que vive no banco vai aparecer novamente. Escolho algumas flores silvestres para colocar em um vaso — Lars estará aqui hoje mais tarde (ele tem passado parte de seu tempo em sua cidade natal próxima, Kristiansand). Eu leio um pouco dos diários de Malcolm Muggeridge. Arrumo um sanduíche de pasta de amendoim e uma cenoura da Califórnia bem cara para o almoço. Ouço as vozes das crianças e saio para ouvir mais de perto. (Para mim, é maravilhoso ouvir crianças falando uma língua estrangeira!)

Antes mesmo de terminar este parágrafo, ouvi um assobio familiar. Lars. Ele não deveria estar aqui pelas próximas três horas, porém é um desvio bem-vindo do pensamento que eu pretendia ter, mas que sempre considero como a parte mais difícil da escrita. Bebemos chá e lemos cartas de Massachusetts, Inglaterra, Illinois e Idaho. Agora Lars está afiando a

UMA VIDA *de* OBEDIÊNCIA

foice antes de cortar a grama. Volto à minha máquina de escrever e ao meu pensamento.

"Pense com moderação, segundo a medida da fé que Deus repartiu a cada um"[4]. *Faça o processo de pensar.* Será que sabemos como fazer isso?

Estávamos viajando de carro com amigos, discutindo sobre o nosso grande amigo C. S. Lewis, o qual nenhum de nós jamais havia conhecido.

"Lewis *pensava*", disse o homem. "É incrível o que se pode conseguir pensando de verdade!"

Nós concordamos. (Quem poderia discordar disso?) Houve uma longa pausa. Então, sua esposa disse: "Sabe, acredito que é isso que está errado comigo. Eu nunca *penso*. Não realmente".

A maioria de nós não tem nem a capacidade mental nem a educação que Lewis tinha, mas poderíamos ter a disciplina mental "se tivéssemos uma mente para isso".

"A incapacidade de cultivar o poder da concentração pacífica é a maior causa do colapso mental", disse o grande médico William Osler aos estudantes de Yale, em um domingo à noite, há muitos anos. Ele os exortou a obter poder sobre o mecanismo mental com algumas horas por dia de concentração tranquila na rotina, na ordem e em um sistema. "A concentração é uma arte de aquisição lenta, mas pouco a pouco a mente é acostumada aos hábitos de alimentação lenta e digestão cuidadosa, através da qual somente você escapa da "dispepsia mental"".

---

4 Romanos 12.3.

A disciplina da mente

Pegue as palavras de Romanos citadas anteriormente para fazer um exercício inicial de pensamento. "Pense com moderação, segundo a medida da fé que Deus repartiu a cada um". O contexto é de autoavaliação. Será que entendemos nossa tarefa individual dentro do Corpo de Cristo? Que dons temos recebido, quais funções? Alguns de nós dizem que não sabem. Outros darão uma resposta baseado na estimativa que outras pessoas fazem de nós. Suponha que tivéssemos que separar meia hora para pensar sobriamente sobre o que somos e não somos capazes de fazer pelo bem de nossa igreja. Se começarmos submetendo tudo a Cristo e pedindo a ele que mude nossas mentes e depois prosseguíssemos para nos concentrar fielmente nessas palavras, poderíamos ficar surpresos ao ver que temos desperdiçado energia ao fazer coisas que não somos aptos a fazer, que estamos desperdiçando tempo fazendo coisas que não contribuem em nada para ajudar a igreja, e que temos falhado em fazer coisas que poderíamos fazer, coisas que o Espírito de Deus traz à mente que está direcionada a ele.

A arte Oriental da meditação não é, creio eu, semelhante à meditação cristã, mas talvez pelo menos uma lição poderia ser aprendida com ela: a de assumir uma postura especial. Não estou recomendando nenhuma em particular, mas qualquer postura em que se possa ficar quieto e alerta seria uma boa postura. Fechar os olhos tem sido geralmente considerado uma boa maneira de orar, porque filtra algumas distrações.

UMA VIDA *de* OBEDIÊNCIA

Não tente não pensar em nada. "Mantenham o pensamento"[5], diz Paulo, e não "Esvazie sua mente". Ponha-o em Cristo, não em coisas terrenas. Uma frase da Palavra de Deus pode ser tomada e repetida silenciosamente, pedindo que nos seja concedido "espírito de sabedoria e de revelação no pleno conhecimento dele"[6]. Foi uma frase do primeiro capítulo de Efésios em que pensei esta manhã: "exercido pela sua força"[7]. Para mim, é útil começar com a Palavra, esperando que Deus dirija e controle meus pensamentos dentro desse contexto, levando-me a outros à medida que ele quiser. Haverá, é claro, espaços para escutar.

Aqueles que trabalham com alcoólatras às vezes lhes dizem para *não* pensar. Esse é um bom conselho em algumas circunstâncias. A mente pode ruminar assuntos que não ajudam, como eu sei muito bem, embora não no contexto do alcoolismo. Ocasionalmente, me pego repassando muitas vezes alguma coisa mentalmente nas primeiras horas da manhã, muito antes de meu despertador tocar. Essa é uma má hora para pensar, primeiro porque é hora de dormir e segundo porque, em todo o caso, não há nada que eu possa fazer sobre o que quer que seja a essa hora. Alguém certamente fará uma objeção neste ponto: "Mas eu executo meu pensamento mais criativo às duas horas da manhã! Escrevo poesia, planejo menus, preparo uma palestra, decido que investimentos vou fazer". O tipo de pensamento a que me refiro é o pensamento destrutivo — o

---

5 Colossenses 3.2, NVI.
6 Efésios 1.17.
7 Efésios 1.20; tradução livre da versão NEB.

A disciplina da mente

pensamento que produz a ansiedade, pensando no dia seguinte da maneira proibida por Jesus; ou o mais mortífero de todos, o que rumina as más lembranças. Um alcoólatra está em apuros no momento em que se permite pensar em uma bebida. Às vezes, é perigoso para ele se permitir pensar, porque esse pensamento terá precedência, por isso é aconselhável que ele se levante e faça algo ao invés de pensar.

A transformação da mente produz uma visão transformada da realidade. O que o mundo chama de "real" perderá sua clareza. O que ele chama de "irreal" ganhará clareza e poder.

Lendo homens como o apóstolo João, São Francisco de Assis ou François de Fénelon, a mente não renovada diz "Esse homem não pode ser real", esquecendo que a santidade é, de fato, muito real. A santidade é, de fato, muito mais real, muito mais humana do que a não santidade, estando muito mais próxima daquilo que Deus nos criou para ser.

O que o mundo vê como real é uma coisa. O que é real para o olho mais claro da fé é outra coisa bem diferente. Aquilo que é chamado de realismo na literatura geralmente trata o mal como se fosse a única realidade e o bem como se fosse uma fantasia. Ele se concentra na lata de cinzas e na casa anexa ao quintal, ignorando a roseira no jardim da frente, que certamente é tão real quanto elas. É verdade que os personagens ruins nos romances muitas vezes são mais críveis do que os bons. Satanás é o melhor desenho dos personagens de Milton, diz C. S. Lewis. Sua explicação é a seguinte:

UMA VIDA *de* OBEDIÊNCIA

O céu entende o inferno e o inferno não entende o céu. [...] Para nos projetar um personagem perverso, só temos que parar de fazer algo, e algo que já estamos cansados de fazer; para nos projetarmos em um bom personagem, temos que fazer o que não conseguimos e nos tornar o que não somos.[8]

Cristo nos chama a fazer isso (o que não conseguimos) e a ser isso (o que não somos). Ele nos pede que andemos sobre as águas. Pedro conseguiu fazer isso, mas apenas por alguns passos, apenas durante aqueles segundos em que seu olhar estava cravado em Cristo, sua mente fixa, por assim dizer, nas "coisas do alto". Porém, quando ele olhou em volta, afundou.

Isso nada mais é do que uma visão transformada da realidade que é capaz de ver Cristo como mais real do que a tempestade, o amor mais real do que o ódio, a mansidão mais real do que o orgulho, a longanimidade mais real do que o aborrecimento, a santidade mais real do que o pecado.

João, São Francisco e Fénelon, homens santos no sentido mais forte, estavam profundamente conscientes de seu próprio pecado.

"Se dissermos que não temos pecado nenhum, a nós mesmos nos enganamos, e a verdade não está em nós"[9], escreveu o primeiro.

O jovem Francisco passou horas em oração, angustiado, em uma gruta perto de sua cidade, confessando e lamentando

---

8 C. S. Lewis, *A Preface to Paradise Lost* (New York: Oxford University Press, 1942).
9 1 João 1.8.

A disciplina da mente

seus pecados. Seu rosto estaria exaurido de sofrimento, até que um dia ele saiu em paz, sabendo que Deus o havia perdoado.

"Ficamos espantados com nossa cegueira anterior ao vermos emitir do fundo de nosso coração todo um enxame de sentimentos vergonhosos, como répteis imundos rastejando para fora de uma caverna escondida"[10], escreveu Fénelon a uma senhora em 1690.

O homem que é mais realista sobre sua própria necessidade é aquele que mais provavelmente dará as costas para ela e se voltará para a realidade brilhante de um salvador. O mal nunca é uma realidade em si mesmo, o que significa que ele não tem existência além do bem, do qual é uma corrupção. O inferno não tem luz. É tenebroso. Portanto, quanto mais claramente apreendemos a natureza do mal, maior é a nossa repulsa e mais genuinamente damos as costas a ele e acolhemos a verdade. Isso é o que faz verdadeiros homens e verdadeiras mulheres, não a pobre autoindulgência que hoje se passa por honestidade quando as pessoas "compartilham" suas piores atitudes a fim de obter, não perdão, mas meramente a simpatia e o consentimento comuns.

Há uma admissão de imperfeição, culpa ou "problema", que não é o mesmo que uma confissão genuína de pecado. Em vez disso, ela cheira mais ao desejo de ser um com a multidão do que um com Aquele que o mundo odiava. Jesus falou repetidas vezes a seus discípulos sobre o ódio que eles sentiriam se fossem fiéis a ele:

---

10 François de Fénelon, *Spiritual Letters to Women* (New Canaan, CT: Keats Publishing Co., 1981).

UMA VIDA *de* OBEDIÊNCIA

Não pode o mundo odiar-vos, mas a mim me odeia, porque eu dou testemunho a seu respeito de que as suas obras são más.[11]

Se o mundo vos odeia, sabei que, primeiro do que a vós outros, me odiou a mim. Se vós fôsseis do mundo, o mundo amaria o que era seu. [...] Lembrai-vos da palavra que eu vos disse: não é o servo maior do que seu senhor. Se me perseguiram a mim, também perseguirão a vós outros; se guardaram a minha palavra, também guardarão a vossa.[12]

Precisamos ter cuidado para que a nossa ânsia de expor nossa escuridão interior não se torne uma exibição ou até mesmo uma celebração que obterá para nós aceitação junto àqueles que realmente amam as trevas ao invés da luz. O homem que resolutamente dá as costas à escuridão e se volta para a luz não terá muito apoio popular. O verdadeiro contador da verdade, como Sócrates previu há muito tempo, terá seus olhos arrancados. Assim tem sido. Assim sempre será. Nós não arrancamos os olhos hoje em dia, não na sociedade civilizada. Simplesmente dizemos ao homem que sai do caminho largo e vai para o estreito que ele está obcecado, que não está em contato com seus sentimentos, que ele é um benfeitor, um desmancha-prazeres, um santinho — qualquer rótulo que exonere o resto de nós da responsabilidade de sermos como Cristo. Temos pena da sua ingenuidade, sua

---

11 João 7.7.
12 João 15.18-20.

A disciplina da mente

estreiteza, sua irrealidade, nunca suspeitando que possa haver em nosso meio alguns poucos cujas mentes *estão fixas* nas coisas do alto[13] porque suas vidas estão escondidas com Cristo.

> Quem por um momento o tem discernido,
>
> de forma vaga e fraca, de longe e escondido,
>
> não desprezes dele toda a excelência,
>
> prazer e poderes que tem e não tem existência —
>
> sim, em meio aos homens sempre lembrado Ele seja
>
> atingido com solene e doce surpresa,
>
> mudo aos escárnios, o riso a gerar
>
> somente a dominância de sincero olhar?[14]

Uma mente renovada tem uma concepção totalmente diferente, não apenas da realidade, mas da possibilidade. Um afastamento do reino desse mundo para o Reino de Deus fornece todo um conjunto de valores baseados não na palavra humana, mas na palavra de Cristo. As impossibilidades se tornam possibilidades.

A mente mundana diz: "Olha, eu sou humano. Não espere que eu ame aquela mulher, não depois do que ela fez à minha família. Isso é impossível". Por sua vez, a palavra de Cristo é: "Ame seus inimigos. Faça o bem àqueles que te odeiam". Isso é realmente impossível, pois era impossível para Pedro andar no mar, até que ele obedecesse à ordem. A mente transformada de dentro começa a pensar os pensamentos de Cristo.

---

13   Ver Colossenses 3.2.
14   F. W. H. Meyers, *Saint Paul* (London: H. R. Allenson, Ltd., n.d.).

UMA VIDA *de* OBEDIÊNCIA

Algumas vezes, achei necessário recusar deliberadamente pensamentos sobre o que alguém me fez e pedir ajuda para me deter no que Cristo fez por essa pessoa e sobre o que ele quer fazer por ela e por mim, pois estou certa de que o tratamento que dispenso às pessoas depende de como eu penso sobre elas. Este hino é muitas vezes uma oração útil para se fazer:

> Que a mente de Cristo, meu Salvador
>
> viva em mim, dia após dia,
>
> e tudo o que eu diga e tudo o que eu for
>
> que Ele controle com poder e amor.[15]

Quando Paulo foi visitar os Coríntios, uma igreja muito necessitada de correção e purificação, ele foi "em fraqueza, temor e grande tremor", mas com uma determinação: "nada saber entre vós, senão a Jesus Cristo e este crucificado"[16]. Ao encarar um temido encontro com alguém, me ajudou tremendamente assumir a determinação de Paulo, procurando ver aquela pessoa apenas no contexto da cruz. Esse método simples coloca a imaginação em jogo. A imaginação é um poder que certamente nos foi dado para nos capacitar a participar da experiência de outrem. Cristo conhece e ama a pessoa, e transformará minha mente para que eu a veja de uma forma que não conseguia ver antes: amada, perdoada, redimida. Assim, ao oferecer a mente e

---

15   Kate B. Wilkinson, "May the Mind of Christ, My Savior", extraído de *Andando nos passos de Jesus*, de Larry Mccall (São José dos Campos, SP: Editora Fiel, 2009).

16   1 Coríntios 2.2-3.

A disciplina da mente

a imaginação, eu assumo minha posição sob a cruz de Jesus. Lá as coisas parecem muito diferentes do modo como elas aparentam ao eu solitário. Consequentemente, a única realidade que o eu seria capaz de enxergar torna-se mais fraca à medida que a realidade brilhante que pode ser vista pela fé se torna ainda mais brilhante.

Essa é uma nova visão. A decisão deliberada de pensar os pensamentos de Cristo permitindo que ele remodele a mente leva a uma maneira diferente de enxergar, que, por sua vez, leva a uma maneira diferente de se comportar em relação aos outros.

"Não imitem o comportamento e os costumes deste mundo, mas deixem que Deus os transforme por meio de uma mudança em seu modo de pensar, a fim de que experimentem a boa, agradável e perfeita vontade de Deus para vocês"[17].

Um dos grandes dons do meu marido é a simpatia. Ele conhece as pessoas com facilidade e rapidez, o que as deixa à vontade. Eu não. Ele me ajuda dando o exemplo, e eu estou aprendendo, mas também preciso da palavra dele. Recentemente, ele me falou sobre eu não ter sido tão amigável quanto eu deveria com uma estranha. Minha resposta imediata à sua observação foi raiva. Aconteceu que aquela estranha em particular era uma jovem que me parou em um hotel e se dirigiu a mim por um apelido usado apenas por minha família e velhos amigos. Meu aborrecimento ficou aparente, disse Lars, apesar de eu ter sorrido, saudado e expressado interesse no que ela estava fazendo. Lars me deu um breve sermão. Nada que eu já

---

17 Romanos 12.2, NVT.

não soubesse. *Por que ele deveria me dar um sermão?*, eu estava pensando. *Ele revela impaciência com as pessoas, às vezes. E além disso — aquela garota não tinha nada que ter...*

Minha reação foi "real". Foi honesta, ou seja, certamente foi o que me veio à mente primeiro. Eu não disse em voz alta nada do que estava pensando, mas o que eu estava pensando era no padrão antigo, não no novo, não na mente de Cristo. A "realidade" é, muitas vezes, maligna. Há uma crença comum de que uma expressão franca do que a pessoa naturalmente sente e pensa é sempre uma coisa boa porque é "honesta". Isso não é verdade. Se os sentimentos e pensamentos são errados em si mesmos, de que modo expressá-los verbalmente pode significar algo de bom? Parece-me que eles adicionam três pecados: sentimento errado, pensamento errado e ação errada.

Eu sabia que meus pensamentos para com aquela moça eram errados, e meus pensamentos enquanto Lars estava me exortando eram muito piores. Então, o Espírito Santo me lembrou da verdade: deixe que Deus remodele sua mente. Ponha sua mente nas coisas celestiais.

Pense em Cristo foi o novo pensamento que veio. Mas de onde ele veio? Não foi de mim. Não foi de uma mentalidade secular. O Espírito Santo lembrou-me.

"O que rejeita a disciplina menospreza a sua alma, porém o que atende à repreensão adquire entendimento".[18]

"Senhor, ajuda-me a encarar a verdade do que Lars está me dizendo, em vez de bloqueá-la por autodefesa", eu orei.

---

18 Provérbios 15.32.

A disciplina da mente

A mente natural prefere o argumento à obediência, as soluções à verdade. Quando a verdade é apresentada, a resposta imediata da mente natural é não. De jeito nenhum. Ela se recusa a ser exortada pela verdade.

Ao "pensar em Cristo", senti dissipar minha resistência à verdade das palavras de Lars. As réplicas que eu havia pensado em fazer morreram em minha língua. A submissão à autoridade de Cristo traz autoridade sobre o eu.

O anseio por unidade caracteriza a mente renovada. Nenhum cristão pecador pode aceitar alegremente divisões no Corpo de Cristo. Quando elas surgem por causa de inveja, ciúme, espírito partidário, competição, ressentimento ou desejo de reconhecimento (e essas são as maiores causas de separação), elas revelam o velho estado de espírito. Os autores das epístolas incitam repetidamente os crentes a pensarem da mesma forma, a serem uma única mente, da mesma mente, unidos em suas mentes. Como podemos ser de outra forma se temos, de fato, a mente de Cristo?

É surpreendente a frequência com que as coisas que são chamadas de discordância, após serem submetidas a um exame, provam ser simples antipatia.

"Não concordo com você" muitas vezes não significa nada mais do que "não gosto do que você diz". Os fariseus, famosos pelo conhecimento que tinham da lei, alegaram discordar de Jesus. Suas respostas revelavam suas discordâncias como sendo ódio à verdade. Antes de abrirmos a boca para protestar, podemos considerar cuidadosamente a possibilidade de discordarmos apenas porque o acordo nos custará algo, nos

UMA VIDA *de* OBEDIÊNCIA

incomodará, será prejudicial aos nossos interesses particulares. Um caso em questão enquanto escrevo é a recusa dos controladores aéreos do Canadá em permitirem que os voos dos EUA utilizem o espaço aéreo canadense. A demissão de nossos controladores, eles alegaram, tornou todos os voos dos EUA "inseguros". Isso durou dois dias e então, sem nenhuma mudança na situação de nossas torres de controle, eles cederam e permitiram o uso de seu espaço aéreo. A discordância deles, ostensivamente fundamentada em uma razão real, tornou-se um acordo sem que o "motivo" tivesse mudado.

O processo democrático, quando se trata de votar na igreja (para um novo pastor, a compra de um novo terreno, a renovação da cozinha da igreja, ou a seleção de diáconos, presbíteros ou sacristia) tanto quanto no âmbito político, provavelmente depende muito mais do gosto do que do pensamento. As pessoas ou gostam das coisas ou não gostam delas e preferem evitar o trabalho real de pensar. Elas tiveram tão pouca prática que são incapazes de distinguir entre razão e preferência pessoal.

A falta de prática não é a única explicação para essa incapacidade. A rejeição da autoridade reduz tudo a questões de gosto. Onde não há absoluto, há apenas moda. Isso é algo sério e que os cristãos devem criticar com a mente de Cristo. De que forma pensamos nas questões atuais: fome, crises ambientais, as questões de armamento e os muitos processos criados pela desumanização que resultam do que poderíamos chamar de "tecnolatria" (questões como divórcio, aborto, dessexualização da sociedade, homossexualidade, engenharia genética)?

A disciplina da mente

A maioria de nós se sente totalmente indefesa diante de todos os horrores que vemos sobre nós. Não percamos a perspectiva. É no contexto do mundo conforme visto nas Escrituras — um mundo criado e sustentado por Deus, um mundo corrompido, mas que ainda será redimido — que devemos olhar para as notícias. Devemos ativar nossa compreensão dada por Deus de que existem forças invisíveis em ação.

"Pois a nossa luta não é contra seres humanos, mas contra os poderes e autoridades, contra os dominadores deste mundo de trevas, contra as forças espirituais do mal nas regiões celestiais. Por isso, vistam toda a armadura de Deus"[19].

Não estamos limitados, no sentido comum, ao que uma pessoa pode fazer. O Senhor e seus exércitos lutam por nós.

"Porque, embora andando na carne, não militamos segundo a carne. Porque as armas da nossa milícia não são carnais, e sim poderosas em Deus, para destruir fortalezas, anulando nós sofismas e toda altivez que se levante contra o conhecimento de Deus, e levando cativo todo pensamento à obediência de Cristo"[20].

Antes de mais nada, devemos aplicar essas palavras ao nosso próprio pensamento. Em cada um de nós há sofismas — pretensões, argumentos que soam bem, mas que são enganosos, e que Romano Guardini chama de "aflições do coração que assumiram proporções intelectuais"[21].

---

19   Efésios 6.12-13, NVI.
20   2 Coríntios 10.3-5.
21   Extraído de um sermão feito pelo dr. Charles Stanley, In *Touch Ministries*, Box 7900, Atlanta, GA 30357, #AQ031, usado com permissão.

UMA VIDA *de* OBEDIÊNCIA

Dr. Charles Stanley, pastor da Primeira Igreja Batista em Atlanta, mostra como se desenvolvem as fortalezas. Elas começam com um pensamento, que se torna uma consideração. Uma consideração desenvolve-se em uma atitude, que os leva à ação. A ação repetida se torna um hábito, e um hábito estabelece uma "base de poder para o inimigo", ou seja, uma fortaleza. Quando nos perguntamos por que continuamos a fazer algo que desprezamos, aqui está a explicação. O inimigo fez uso de uma área de fraqueza e a transformou em sua base de poder, e ele nos atinge repetidamente. As únicas armas adequadas para lidar com tais fortalezas são aquelas que são poderosas por meio de Deus. Elas são armas espirituais.

Aquele que tem a mente de Cristo não necessariamente *entende* todos os mistérios. Ele está disposto, de fato, a permanecer em forte oposição a qualquer coisa que se levante contra o conhecimento de Deus, não importa o que seus oponentes possam dizer, não importa se ele pode ou não refutar com sucesso os argumentos dos seus opositores. Maturidade é a capacidade de levar a questão não respondida com fé, mantendo-se fiel à Palavra pela qual vivemos.

Uma mulher que tinha sido ferozmente atacada em público por algo que havia escrito sobre uma verdade particularmente impopular me disse: "Elisabeth, não posso responder àquelas pessoas. Não sei o que dizer a alguns dos argumentos delas, mas não tenho medo deles porque sei que estou certa".[22] É um assunto delicado tomar essa posição, porque o perigo do

---

22 Elisabeth Elliot, *Deixe-me ser mulher* (São José dos Campos: Editora Fiel, 2021); *The Markof a Man* (Old Tappan, NJ: Fleming H. Revell, 1981).

A disciplina da mente

fanatismo espreita da esquina, mas o homem cujo olho se volta unicamente para a glória de Outro é confiável.

Paulo deu ao jovem Timóteo instruções específicas sobre a ordem na igreja: a conduta dos diáconos, das mulheres, dos mais velhos, das viúvas; sem dúvida, essas foram questões explosivas nos dias dele, bem como são nos nossos. Paulo sabia bem quão difícil seria para Timóteo se ele se posicionasse com firmeza. No entanto, ele disse:

> Ensina e recomenda estas coisas. Se alguém ensina outra doutrina e não concorda com as sãs palavras de nosso Senhor Jesus Cristo e com o ensino segundo a piedade, é enfatuado, nada entende, mas tem mania por questões e contendas de palavras, de que nascem inveja, provocação, difamações, suspeitas malignas, altercações sem fim, por homens cuja mente é pervertida e privados da verdade, supondo que a piedade é fonte de lucro.[23]

O discípulo que tem a intenção de compelir cada um de seus pensamentos para rendê-los em obediência a Cristo faria bem em testar a si mesmo fazendo-se as seguintes perguntas:

1. Busco a glória de quem?
2. Isso vai a favor ou contra o conhecimento de Deus?
3. Tenho cedido minha mente às sãs palavras?

---

23 1 Timóteo 6.2-6. (N. T.: No inglês, o versículo 3 é iniciado com uma frase que, para nós no português, aparece no final do versículo 2. Para preservar o original, foi incluído o versículo 2 na referência.)

UMA VIDA *de* OBEDIÊNCIA

4. Tenho mania por questões verbais e contendas?
5. Para mim, mais importante é entender do que obedecer?
6. Para mim, mais importante é saber do que crer?
7. Um lado da questão será inconveniente para mim?
8. Eu rejeito uma verdade particular porque ela me será um inconveniente?

Não há fim para os sofismas que somos capazes de substituir por um pensamento claro. Pragmatismo (aquilo é certo se funciona para mim), viabilidade técnica (a ciência encontrou uma maneira de fazer isso, então vamos fazer), relevância (eu posso "me identificar" com isso), conforto (eu me sinto confortável com isso), felicidade (eu me sinto feliz com isso), moderação (eu certamente não quero ir a extremos), obrigação (eu devo isso a mim mesmo), responsabilidade (a vida é *minha*), e assim por diante.

Suponha que estejamos abordando uma questão de justiça, direitos humanos, aborto, divórcio, masculinidade e feminilidade. Se primeiro colocarmos no papel todas as opiniões populares atuais sobre esses assuntos e depois fizermos as perguntas que eu sugeri, será que poderemos encontrar nas Escrituras respostas que seriam relativamente revolucionárias?

Sobre a justiça: para o cristão, isso sempre significa igualdade? Jesus contou a história de um homem que contratou trabalhadores em diferentes momentos do dia e pagou o mesmo salário a todos ao final do dia. Aqueles que tinham sido contratados primeiro resmungaram por causa do valor pago

A disciplina da mente

("Ei, como é que esses caras...?"), embora fosse exatamente o valor acordado. O fazendeiro tinha o direito de ser generoso se escolhesse ser. Jesus mostra nessa história o significado de "muitos primeiros serão últimos; e os últimos, primeiros". "É justo?", nós perguntamos, mas estamos fazendo a pergunta errada. Sua ênfase sempre foi na pureza do coração e no amor, e não na lei. Ele penetrou os segredos dos corações que faziam as perguntas e encontrou neles fortalezas de resistência à verdade.

Sobre os direitos humanos: quantos manifestantes estariam na marcha se ela fosse limitada àqueles que primeiramente tivessem cedido seus direitos?

Sobre o aborto: que argumentos a favor do aborto continuariam de pé se a coisa descartada fosse chamada de bebê em vez de "tecido" ou de "produto da concepção"? Temos permissão para perguntar se trata-se de um ser humano? Nossa resposta vem de Deus ou do homem?

Sobre o divórcio: quantos buscariam um divórcio se a felicidade do outro fosse a coisa que a pessoa busca acima da sua própria?

Sobre a masculinidade e a feminilidade: quantas discussões sobre papéis, igualdade e personalidade chegariam ao fim se a sexualidade fosse vista não como uma questão biológica, mas como uma questão teológica, um mistério glorioso de dois seres complementares que carregam a imagem do Deus invisível?

Se levarmos cada pergunta, doutrina ou problema diretamente à presença de Cristo, que é o caminho, a verdade e a vida, e perguntarmos: "Qual caminho para o reino dos céus?", a resposta estará lá.

UMA VIDA *de* OBEDIÊNCIA

O discípulo que honestamente procura deixar Deus renovar sua mente irá direcionar suas energias não para resolver as exceções, as lacunas ou os pontos sensíveis da lei, mas para uma total rendição de amor obediente. Então, com seu coração aberto ao Espírito de Deus, ele estará em condições de aprender a sabedoria. A oração de tal homem ou mulher será:

> Ensina-me, SENHOR, o caminho dos teus decretos,
> e os seguirei até ao fim.
> Dá-me entendimento, e guardarei a tua lei;
> de todo o coração a cumprirei.
> Guia-me pela vereda dos teus mandamentos,
> pois nela me comprazo.
> Inclina-me o coração aos teus testemunhos
> e não à cobiça.
> Desvia os meus olhos, para que não vejam a vaidade,
> e vivifica-me no teu caminho.[24]

O cristão disciplinado será muito cuidadoso com o tipo de conselho que procura dos outros. O conselho que contradiz a Palavra escrita é um conselho ímpio. Bem-aventurado o homem que não anda nesse conselho.

O poder de Deus não se manifesta na sabedoria dos sábios (o filósofo? o cientista? o crítico? o psiquiatra?) nem na prudência dos prudentes (o político? o homem de negócios bem-sucedido? o conselheiro fiscal?), mas em *Cristo* — Cristo

---

24 Salmos 119.33-37.

A disciplina da mente

pregado na cruz. O que poderia parecer mais inútil e tolo para o mundo do que isso? Quem poderia pedir sabedoria a um homem em uma cruz? Veja onde isso o levou!

Mas foi a cruz que nos salvou. Cristo foi pregado na cruz para que pudéssemos não mais viver para nós mesmos, mas para Deus. Não é bem aqui, em nossa determinação para conseguir o que queremos quando queremos, que começam tantos problemas para os quais procuramos ajuda profissional? Não seria possível encontrar nossa resposta rapidamente se nos curvássemos aqui primeiro? Eu encontrei. Eu sei que é verdade. Também sei que há quem se oponha imediatamente dizendo que isso é muito simplista. A essas pessoas eu responderia simplesmente que este é um livro sobre disciplina cristã. Este é um livro sobre pontos de partida. Ele é dirigido às pessoas que já reconheceram seu Mestre, e a Palavra dele é o quadro de referência delas.

Paulo advertiu severamente Tito para ter cuidado com os homens que viram as costas para a verdade: "Pois há muitos insubordinados, que não passam de faladores e enganadores, especialmente os do grupo da circuncisão. É necessário que eles sejam silenciados, pois estão arruinando famílias inteiras, ensinando coisas que não devem, e tudo por ganância. [...] Eles afirmam que conhecem a Deus, mas por seus atos o negam; são detestáveis, desobedientes e desqualificados para qualquer boa obra".[25]

---

25 Tito 1.10-11, 16, NVI.

UMA VIDA *de* OBEDIÊNCIA

Muitas doenças — físicas, mentais e emocionais — certamente devem vir da desobediência. Quando a alma é confrontada com uma alternativa de certo ou errado e opta por embaçar a distinção, dando desculpas para sua perplexidade e frustração, ela está exposta à infecção. O mal tem a oportunidade de invadir a mente, o espírito e o corpo, e a pessoa doente vai até um especialista que diagnosticará seu problema. Às vezes o paciente sabe bem qual é seu problema e por isso mesmo não consultou o Senhor, temendo o que ele vá dizer: Confesse. Dê a volta. Pare com essa indulgência. Não tenha piedade de si mesmo. Perdoe aquela pessoa. Devolva o que você deve. Peça desculpas. Diga a verdade. Negue a si mesmo. Considere o bem-estar do outro. Dê sua vida.

É provável que a pessoa escolha um conselheiro que ouça "sem julgamento" a sua história e talvez suavize ou descarte como injustificado qualquer sentimento de culpa que venha à tona. Sua interpretação dos segredos revelados pode ser mais palatável do que aquela que o paciente teria encontrado para si mesmo nas páginas da Bíblia, pois a Palavra é "mais cortante do que qualquer espada de dois gumes, e penetra até ao ponto de dividir alma e espírito, juntas e medulas, e é apta para discernir os pensamentos e propósitos do coração. E não há criatura que não seja manifesta na sua presença; pelo contrário, todas as coisas estão descobertas e patentes aos olhos daquele a quem temos de prestar contas"[26].

Que conselheiro humano, mesmo com credenciais acadêmicas acima de qualquer repreensão, pode, sem a ajuda da Palavra viva, perfurar até o lugar onde a alma e o espírito se dividem?

---

26 Hebreus 4.12-13.

A disciplina da mente

Recorrer à ajuda de alguém qualificado para ajudar, cujo deleite está na lei do Senhor, em cuja lei ele medita dia e noite, muitas vezes conduz para fora da confusão e da escuridão. A necessidade de expor o caso a outro, o esforço de ordenar todos os fatores, articulando-os, apresentando-os à luz do dia a outra inteligência, e depois olhando-os razoavelmente juntos e orando por cada detalhe do caso pode ser uma experiência maravilhosamente esclarecedora.

Deus não é o autor da confusão.[27] A promessa dele é:

Instruir-te-ei e te ensinarei o caminho que deves seguir;
e, sob as minhas vistas, te darei conselho.
Não sejais como o cavalo ou a mula, sem entendimento,
os quais com freios e cabrestos são dominados;
de outra sorte não te obedecem.
Muito sofrimento terá de curtir o ímpio,
mas o que confia no Senhor, a misericórdia o assistirá.
Alegrai-vos no Senhor e regozijai-vos, ó justos;
exultai, vós todos que sois retos de coração.[28]

Muitos anos atrás, meu marido e eu estávamos diante de um negócio muito complicado, de comprar uma casa, mudar para esse imóvel e alugar a casa da qual estávamos saindo. O momento parecia totalmente impossível. Não podíamos nos mudar até que a nova casa estivesse pronta; não podíamos prometer a futuros inquilinos quando nossa casa antiga estivesse disponível

---

27 Ver 1 Coríntios 14.33.
28 Salmos 32.8-11.

UMA VIDA *de* OBEDIÊNCIA

(e tínhamos uma família que precisava desesperadamente se mudar para onde estávamos). O que fazer? Meus pensamentos tiveram que ser levados cativos por causa disso. Levar cativos os pensamentos não é um negócio gentil. Eles não querem vir. Mas Cristo é Mestre em nossas vidas, o que incluiu dificuldades de moradia, então os pensamentos simplesmente tiveram que ser encurralados. Não parecia haver saída para o emaranhado; e no momento em que eu pensava que tinha os fugitivos capturados em segurança, eles encontravam outra rota de fuga e iam embora.

Lars e eu colocamos tudo diante do Senhor o mais completamente que pudemos. Oramos por todas as pessoas de quem dependíamos para tomar nossas decisões e por aqueles que dependiam das nossas decisões, pedindo ao Senhor que provesse tanto para elas quanto para nós e que nos deixasse claro o que devíamos fazer. Então, começamos a fazer o que parecia razoável e possível, um passo de cada vez, confiando em Deus para fazer o que parecia estar além da razão e que parecia ser impossível (o que era a maior parte!). Ele respondeu às nossas orações. Agora nos encontramos em outra situação, semelhante, mas ainda mais complicada. Lars está longe, e ontem, enquanto eu estava sozinha orando as mesmas palavras que oramos juntos há dois anos, peguei uma Bíblia e a abri aleatoriamente. De imediato, meu olho caiu em uma nota que eu havia escrito na margem do Salmo 18, "Orando por inquilino", e na data, que estava há uma semana de ser exatamente dois anos atrás no dia de ontem: "o Senhor, meu Deus, derrama luz nas minhas trevas [...]. O caminho de Deus é perfeito; a palavra do Senhor é provada".[29] Eu escrevi isso na margem,

---

29 Salmos 18.28, 30.

A disciplina da mente

sob "Orando por inquilino", com uma nova data. Fui encorajada a confiar, levando cativos meus pensamentos desobedientes — isto é, minhas dúvidas, meus temores. (Nota posterior: encontramos um inquilino, exatamente na hora certa.)

Estamos ansiosos para ter uma mente disciplinada? Podemos testar prontamente que tipo de mente temos, analisando as descrições bíblicas dos dois tipos.

A mente carnal é:

entorpecida	Lucas 21.34, NVT
reprovável	Romanos 1.28
depravada	Romanos 1.28, tradução livre da versão NEB
controlada pela natureza humana	Romanos 8.7, NTLH
inimiga de Deus	Romanos 8.7, NVI
inevitavelmente oposta aos propósitos de Deus e não pode, nem irá seguir as leis do Senhor para viver	Romanos 8.7, tradução livre da versão Phillips
não enxerga nada além de coisas naturais	Romanos 8.5, tradução livre da versão Young Churches
uma mentalidade formada pela natureza baixa e que significa morte	Romanos 8.5, tradução livre da versão NEB
endurecida	Efésios 4.18
insensível, cega em um mundo de ilusões	Efésios 4.18, tradução livre da versão Young Churches
se preocupa com as coisas terrenas	Filipenses 3.19
fervilha com conceitos fúteis	Colossenses 2.19, tradução livre da versão NEB
inflada por imaginação não espiritual, se metendo em assuntos dos quais nada sabe	Colossenses 2.18, tradução livre da versão RSV
impura	Tito 1.15
corrompida	Tito 1.15

UMA VIDA *de* OBEDIÊNCIA

Por sua vez, a mente obediente a Cristo mostra um conjunto muito diferente de características:

vigilante	Lucas 21.36
mais aberta	Atos 17.11, NVT
tem grande interesse	Atos 17.11, NVI
ávida	Atos 17.11, NAA
humilde	Filipenses 2.5-9; Colossenses 3.12
espiritual	Romanos 8.6, tradução livre da versão NEB
busca as coisas do espírito	Romanos 8.6, tradução livre da versão YOUNG CHURCHES
vida	Romanos 8.6, tradução livre da versão NEB
paz	Romanos 8.6, tradução livre da versão NEB
justa	Efésios 4.24
reta	Efésios 4.24
fortaleza	2 Timóteo 1.7, ARC
tem autocontrole	2 Timóteo 1.7, NVT
modéstia	Tiago 3.13, tradução livre da versão NEB

Sobre a sabedoria que não vem do alto, Tiago diz que é "terrena, animal e demoníaca". Ela abriga o ciúme amargo e a ambição egoísta, com os quais vêm a desordem e o mal de todo tipo.

A sabedoria do alto, por outro lado, "é, primeiramente, pura; depois, pacífica, indulgente, tratável, plena de misericórdia e de bons frutos, imparcial, sem fingimento."[30]

A mente semelhante a de Cristo não dá nenhum valor àquilo que o mundo valoriza, e considera como sendo de suma

---

30 Tiago 3.15, 17.

A disciplina da mente

importância aquilo para o qual o mundo atribui nenhum valor. Sou cristã há quase meio século, mas tenho um longo caminho a percorrer. Quando estou diante de uma decisão de qualquer tipo, se examino meu coração e minha mente, quase sempre encontro muitas características da mente não renovada e apenas sugestões tênues das renovadas. Estou vigilante? Às vezes. Mas deixe-me apenas tentar orar cedo pela manhã ou manter minha mente atenta quando outra pessoa está liderando em oração. No momento em que acho que encontrei um pouco de generosidade, vejo que isso se aplica apenas à minha atitude em relação a certas pessoas, não em relação a qualquer pessoa que possa estar tentando me matar. Se eu detecto, uma vez na vida outra na morte, o que parece ser uma pequena pitada de humildade (e o que estou fazendo "detectando" afinal?), alguém me envia uma resenha de um dos meus livros, como a que acabou sugerindo que "alguns leitores diriam que este livro é baseado em um olhar superficial sobre as Escrituras". Ou ouço um relato de uma palestra que supostamente eu deveria ter dado — mal representada, mal citada, citada fora do contexto, mal compreendida ou censurada com um leve elogio — e eu estou acabada. Eu vou atrás das coisas do Espírito? Bem, às vezes. "Senhor, Tu conheces todas as coisas. Tu sabes que eu te amo". Meu coração está faminto e sedento de retidão. Paz de espírito? Sim, quase sempre, exceto quando chego em casa após uma longa viagem e encontro a pilha de trabalho na escrivaninha.

Se eu quiser amar o Senhor meu Deus com *toda* a minha mente, não haverá lugar nela para a carnalidade, para o orgulho, para a ansiedade, para o amor a mim mesma. Como a

UMA VIDA *de* OBEDIÊNCIA

mente pode ser preenchida com o amor do Senhor e ter espaço para coisas como essa?

Quando as descubro, só posso orar: "Senhor, me perdoa. Ofereço-te novamente meu corpo como um sacrifício vivo, pedindo-te que o aceites como um ato de adoração e que continues teu santo trabalho de transformação da minha mente de dentro para fora, para que eu possa glorificar-te mais dignamente. Em nome de Jesus".

Ao longo de nossa vida terrena, é sempre no ponto de necessidade — aquele momento de crise em que nos propomos a alguma solução ou resposta, ou mesmo alguma fuga — que nos é oferecida a oportunidade de *escolher*. Aceitaremos as soluções, respostas e fugas que o mundo oferece (e há sempre muitas delas) ou a alternativa radical mostrada à mente sintonizada com a de Cristo. Os caminhos do mundo se exaltam contra Deus. Às vezes eles parecem racionais e atraentes para o discípulo mais sincero, mas Cristo nos diz então o que disse aos seus discípulos há muito tempo, quando muitos deles já haviam desistido com repulsa: "Porventura, quereis também vós outros retirar-vos?" Se respondermos como Pedro respondeu — "Senhor, para quem iremos? Tu tens as palavras da vida eterna"[31] — nossos pensamentos rebeldes são capturados mais uma vez. O caminho da santidade é novamente visível. O discípulo dá um passo adiante através do portão estreito.

---

31 João 6.67-68.

A disciplina da posição

Certo dia, uma amiga me ligou e me perguntou algo que me fez pensar de uma nova forma.

"Ron e eu não temos ficado muito felizes com os sermões que temos recebido ultimamente. Eu mal sei o que dizer ao pastor quando saímos da igreja e apertamos as mãos. Mas o que mais me incomoda é como honrá-lo. A Bíblia não nos diz para honrarmos todos os homens?"

E é verdade. Mas que pergunta curiosa para uma jovem mulher moderna. Honra? Quem pensa em honra hoje em dia? Somos todos iguais. Nós nos apresentamos apenas pelos primeiros nomes; negligenciamos o uso de títulos para pessoas que uma vez teriam sido consideradas nossos superiores; e o sistema de honra nas escolas parece ter caído fortemente. Não tenho mais certeza se os escoteiros ainda juram pela "palavra de escoteiro", mas todo o país foi abalado quando 13 mil controladores de tráfego aéreo quebraram um juramento ao entrarem em greve em 1981. Alguns dos grevistas podem ter

UMA VIDA *de* OBEDIÊNCIA

tido momentos de apreensão, considerando o que o juramento realmente significava, mas o fato é que eles o fizeram, concordando que o desejo deles por uma semana de 32 horas e um mínimo de $30.642 dólares por ano substituíam o juramento que haviam assinado. A revista *Time*, em referência a esse fato, citou William Murray, solicitador geral da Grã-Bretanha no século dezoito: "Nenhum país pode subsistir doze meses onde um juramento não é considerado obrigatório, pois a falta dele deve necessariamente dissolver a sociedade".

A Bíblia nos diz para dar "a devida honra"[1] a todos. *Devida* significa "que se deve, pagável"; isto é, não é algo acima e além do chamado do dever, mas algo obrigatório, como as contas, os pedágios ou os impostos. Significa também o mesmo que exigido, assim como "o devido cuidado", ou "no devido tempo".

Não tem nada a ver com nossos sentimentos sobre nós mesmos ou sobre os outros, a despeito dos controladores de tráfego aéreo.

"Pagai a todos o que lhes é devido: a quem tributo, tributo; a quem imposto, imposto; a quem respeito, respeito; a quem honra, honra. A ninguém fiqueis devendo coisa alguma, exceto o amor".[2]

Aqui devemos enfatizar fortemente que o discípulo está sozinho diante do Senhor, enfrentando sua obrigação principalmente para com o próprio Deus. Deus não lhe perguntará se a outra pessoa cumpriu a parte dela no acordo. Ele pede

---

1 Ver 1 Pedro 2.17; a expressão *devida honra* aparece na versão New English Bible (NEB).
2 Romanos 13.7-8.

A disciplina da posição

apenas um coração puro. É suficientemente fácil nos exonerarmos com base no fracasso da outra parte (de uma pessoa, de uma instituição, de uma sociedade) em cumprir sua obrigação, mas a obediência de um discípulo não é contingente. "A ninguém fiques devendo coisa alguma" é a única preocupação do indivíduo. Não há nenhuma exigência de que nós nos asseguremos de que outros nos paguem.

Honra significa "respeito, alta consideração, reconhecimento de valor". Um cristão enxerga todos os homens como feitos à imagem de Deus. Todos são pecadores também, o que significa que a imagem é manchada, mas é uma imagem divina, capaz de redenção e, portanto, de ser considerada honrosa.

Uma fonte de confusão é a definição de *respeito*. *Respeito* significa "reverência debaixo de Deus", antes de mais nada; isto é, uma apreciação adequada pela pessoa que Deus fez pelo mesmo motivo de Deus a ter feito. Mas a Bíblia diz que Deus "não faz acepção e pessoas",[3] o que significa que ele não tem favoritos. No mesmo sentido, Tiago diz que somos inconsistentes e que estamos julgando por padrões falsos se tratamos "com deferência",[4] ou seja, se jogamos com os favoritos, como quando prestamos atenção especial ao homem que usa roupas finas.

Discriminar alguém por *falsas* razões é errado. Em um lugar de culto, tanto o homem bem-vestido com anéis de ouro quanto o pobre homem com roupas gastas devem ser bem-vindos. Essa é uma obrigação cristã. O homem rico que vem com roupas gastas, porém, ilustra outro lado da moeda do respeito.

---

3 Atos 10.34.
4 Tiago 2.3.

UMA VIDA *de* OBEDIÊNCIA

Jesus contou uma história sobre um homem que foi jogado nas trevas, onde havia choro e ranger de dentes, porque apareceu em um casamento vestido inadequadamente[5]. É claro que o ponto que Jesus estava fazendo nessa história não era principalmente de respeito, mas a verdade está ali. Recusar a roupa apropriada (que, segundo me disseram, era habitualmente fornecida pelo anfitrião para aqueles que não podiam pagar) foi uma ofensa. Os ricos que se vestem de forma surrada quando podiam se vestir de maneira *respeitável* são culpados de outra forma de favoritismo: o esnobismo inverso.

Sei que estou patinando sobre gelo muito fino ao levantar a questão do vestuário, uma vez que, por várias décadas, isso tem sido considerado pela maioria dos cristãos como de muito pouca ou absolutamente nenhuma importância, uma vez que Deus olha o coração, mas acredito que vale a pena reconsiderar isso em termos de respeito. Quando estou disposta a me vestir bem — seja para uma entrevista de trabalho, por exemplo; para um convidado especial que estou entretendo; para um evento social para o qual me sinto honrada por ter sido convidada —, isso não é uma indicação do meu respeito pelo valor da outra pessoa? Não é um sinal do respeito de um ator pelo seu público e do público pela pessoa que se apresenta quando eles se vestem para a ocasião? Isso pode ser ridicularizado como uma forma de orgulho ("quem você está tentando impressionar?"), mas pode ser uma humildade genuína do mesmo tipo que nos levaria a polir a prata, tirar a bela toalha de mesa e colocar

5   Ver Mateus 22.11-14, NAA.

A disciplina da posição

luz de velas e flores para alguém muito amado. A atitude dos estudantes, tenho notado, é fortemente influenciada pela vestimenta de um professor, assim como pelos modos dele.

Um segundo motivo de confusão em matéria de respeito, além da confusão sobre a definição, é a noção atual de que todos merecem a igualdade do tipo olho por olho. Esse é um dos excessos da democracia, que não deve ser confundido com o cristianismo. A verdade é que nem todos têm direito a tudo. Uma criança tem o direito de ser cuidada. Um adulto não. Um adulto tem o direito de votar, de se casar, de ser tributado. Uma criança não.

A palavra-chave, que nos ajudará a entender algumas distinções extremamente importantes, é *devido*. Quando Pedro nos diz para dar a devida honra a todos, ele passa a especificar três maneiras diferentes de obedecer a essa ordem: "amai os irmãos, temei a Deus, honrai o rei".[6] Já observamos que o que é devido é o que se deve. É apropriado, próprio, adequado a essa pessoa em particular. Diferentes tipos de honra e respeito são adequados a diferentes pessoas e, ao discriminarmos, nós os honramos de fato. Nada ilustra isso mais claramente do que o casamento do Príncipe Charles com a Lady Diana. Em virtude de Charles ser um príncipe e herdeiro do trono da Inglaterra, a pompa e o esplendor daquele casamento lhe eram devidos. Era devido, adequado, próprio, tanto quanto era exigido e esperado. O fato de que nossas expectativas foram cumpridas foi uma fonte de grande alegria. Os rostos das multidões testificaram eloquentemente isso.

---

6   1 Pedro 2.17.

UMA VIDA *de* OBEDIÊNCIA

A honra é dada. Não é tomada. Se o próprio príncipe Charles tivesse mandado realizar a elaborada cerimônia contra a vontade do monarca ou do povo, não haveria alegria alguma. Ele não o exigiu — sua posição o exigiu. Isso é essencial em nossa compreensão do dever de honrar uns aos outros. Devemos considerar a posição do outro diante de Deus.

Dever é outra palavra útil. Significa simplesmente "o que é devido (como nos direitos alfandegários que devem ser pagos), qualquer ação necessária ou apropriada à própria ocupação ou posição, um senso de obrigação".

Centenas de milhares agitaram bandeiras, aplaudiram e torceram enquanto o carro real passava. Cavaleiros elegantemente uniformizados cavalgavam cavalos esplendidamente caparisionados. Assim, a honra apropriada foi oferecida ao príncipe e à princesa, mas eles, por sua vez, honraram a multidão acenando com a cabeça, sorrindo, acenando com as mãos e aparecendo várias vezes na varanda do Palácio de Buckingham para reconhecer a reivindicação de seus súditos. Essa resposta foi a forma de homenagear a multidão.

A honra tem a ver com orgulho — no mais verdadeiro e nobre sentido de reconhecimento da missão divina. "Deem orgulho de posição uns aos outros em estima",[7] diz Paulo aos romanos. Em sua obra *Out of Africa*[8], Isak Dinesen chega mais perto de expressar o que isso significa:

---

7 Romanos 12.10, tradução livre da versão NEB. (N. T.: A maioria das versões em português trazem a tradução "preferir em honra uns aos outros". Nesse caso, a versão utilizada pela autora traz a ideia de conceder o orgulho de posição a outra pessoa.)
8 Isak Dinesen, *Out of Africa* (New York: Random House, 1972), 261.

A disciplina da posição

O bárbaro ama seu próprio orgulho e odeia, ou não acredita, no orgulho dos outros. Serei um ser civilizado, amarei o orgulho de meus adversários, de meus servos e de minha amante; e minha casa será, com toda a humildade, no deserto, um lugar civilizado.

Ame o orgulho de Deus além de todas as coisas, e o orgulho de seu próximo como seu próprio orgulho. O orgulho dos leões: não os cale em zoológicos. O orgulho de seus cães: não os deixe engordar. Ame o orgulho de seus companheiros partidários, e não lhes permita nenhuma autopiedade.

Ame o orgulho das nações conquistadas, e deixe-os honrar seu pai e sua mãe.

Amar o orgulho dos outros requer um espírito generoso. Um homem de espírito pequeno não estará disposto a ver outro receber crédito, honra ou posição. Todos nós, suponho, às vezes resmungamos interiormente ao ver alguém receber um lugar que aquela pessoa não merecia. "Isso não é justo, ele não é qualificado. De quem foi a ideia de nomeá-lo? Como ele entrou na diretoria? Como foi que eu não entrei?" A última pergunta é a que toca a raiz mais profunda de nossa falta de vontade de honrar o outro: nosso próprio orgulho, um tipo perverso que realmente dá origem ao ciúme. Sem dúvida, Deus deve, às vezes, permitir que a pessoa "errada" receba crédito para que nós, os "certos", descubramos quão cheios de orgulho somos.

UMA VIDA *de* OBEDIÊNCIA

O cristianismo ensina a justiça, não os direitos. Ele enfatiza a honra, não a igualdade. A preocupação de um cristão é o que se deve ao outro, não o que se deve a si mesmo.

"Amem os seus inimigos, façam o bem aos que odeiam vocês. Abençoem aqueles que os amaldiçoam, orem pelos que maltratam vocês [...]. Dê a todo o que lhe pedir alguma coisa; e, se alguém levar o que é seu, não exija que seja devolvido".[9]

Isso está muito longe da velha lei da igualdade de direitos de olho por olho. No entanto, estranhamente, hoje, quando a igualdade é o suposto ideal, muitas vezes há discriminação inversa, onde é dada uma vantagem injusta àqueles que antes estavam em desvantagem, por exemplo, os criminosos, os pobres, os grupos étnicos ou as mulheres. Nos tempos do Antigo Testamento, dizia-se aos israelitas que ser parcial ou favorecer os pobres era uma perversão da justiça, tanto quanto era subserviência aos grandes.

"Não farás injustiça no juízo [...]; com justiça julgarás o teu próximo [...]. Eu sou o SENHOR"[10].

Eu sou o Senhor. Isso já era motivo suficiente para o povo de Israel. Temos ainda mais razão, tendo visto a glória de Deus no rosto de Jesus Cristo, que se tornou o Filho do Homem. Ao nos lembrarmos dele, honramos todos os homens.

Aqueles a quem nos é especificamente ordenado honrar por terem sido colocados sobre nós são autoridades civis, pais, professores, mestres e presbíteros. Os presbíteros são dignos de

9 Lucas 6.27-28, 30, NAA.
10 Levítico 19.15-16.

A disciplina da posição

uma dupla honra, ou de dobrados honorários.[11] Aqueles que sofrem por nós e trabalham para nós merecem honra.

Falando de Epafrodito, seu colega de trabalho e companheiro, Paulo disse aos filipenses para o receberem com todo o prazer e para o honrarem, pois "por causa da obra de Cristo, chegou ele às portas da morte e se dispôs a dar a própria vida, para suprir a vossa carência de socorro para comigo".[12]

Aos tessalonicenses, ele escreveu: "Agora, vos rogamos, irmãos, que acateis com apreço os que trabalham entre vós e os que vos presidem no Senhor e vos admoestam; e que os tenhais com amor em máxima consideração, por causa do trabalho que realizam".[13]

Madre Teresa de Calcutá honrou os indigentes e moribundos que jaziam nas ruas da cidade. Ela viu Cristo nas mais tristes migalhas da humanidade, e com humildade e amor os reuniu para serem atendidos. Ninguém que não reconhecesse neles a imagem divina faria tal trabalho.

O respeito parece ser uma coisa difícil em nossa sociedade atual. Muitos alunos do seminário onde eu costumava ensinar eram residentes — situação em que, em troca de trabalhos domésticos ou de trabalho no jardim, o estudante recebe um lugar para viver sem precisar pagar aluguel. Ao conversar com alguns deles, descobri que se sentiam ofendidos ao serem tratados como servos. Eles sentiam que deveriam ter recebido um lugar de igual para igual na família. Quando eu salientei que a

---

11 Ver 1 Timóteo 5.17.
12 Filipenses 2.30.
13 1 Tessalonicenses 5.12-13.

UMA VIDA *de* OBEDIÊNCIA

condição em que lhes foi permitido viver lá (alguns dos lugares são verdadeiramente luxuosos, em grandes propriedades à beira-mar) era que eles deveriam servir, eles pareciam perplexos, não tendo nenhuma concepção da posição de um servo.

Um senso de saber o seu lugar é importante para um cristão. Não podemos dar honra devida — onde ela é devida — sem um senso de posição. Quem é essa pessoa, quem sou eu em relação a ela? Somos pessoas que estão debaixo de autoridade a todo momento, devendo honra e respeito a um rei ou a um presidente, aos pais, ao mestre, ao professor, ao marido ou ao chefe, aos ministros e anciãos e bispos e, naturalmente, sempre e mais importante, a Cristo.

Outro estudante do seminário criticou um certo professor como sendo "indisponível". Quando questionado, ele admitiu que o professor proferia suas palestras conforme agendado e que poderia ser encontrado em seu escritório durante as horas indicadas. Porém, ele deixava a sala de aula imediatamente após as palestras e geralmente não era visto no refeitório, tomando café com os alunos.

"Mas isso é tão errado", disse o estudante.

"Errado?"

"Ele não se relaciona. Quero dizer, para começar, ele é o único professor que tenho que não chamo pelo primeiro nome".

O jovem não tinha a menor noção de honra ou de dar orgulho de posição.

O conselho de Paulo aos escravos ilustra um princípio que nenhum de nós deveria deixar de entender:

A disciplina da posição

> Todos os servos que estão debaixo de jugo considerem dignos de toda honra o próprio senhor, para que o nome de Deus e a doutrina não sejam difamados. Também os que têm senhor crente não o tratem com desrespeito, porque é irmão; pelo contrário, trabalhem ainda mais, pois ele, que partilha do seu bom serviço, é crente e amado.[14]

Ser um só na fé e no amor não significa ser amigo, quer estejamos falando de escravos e mestres ou de estudantes e professores. Eu tentei ajudar o estudante a ver que ele precisava se preocupar mais em honrar o professor, preservando uma distância respeitosa, do que em permanecer com uma ideia mal concebida dos direitos de estudante que lhe permitiam uma intimidade. Ele tinha o "direito" a ser ensinado, o qual, como qualquer outro, tem suas limitações. O direito de ser um estudante não é o direito de ser um amigo. Se ele se tornar o amigo do professor, isso seria um privilégio.

Honrar aqueles que são nossos superiores legítimos em virtude de ocupar cargos de autoridade sobre nós toma a forma de obediência. O servo não é maior que seu senhor, o aluno não é maior do que seu professor, a criança não é maior do que seus pais. Em cada caso, quando a obediência é oferecida primeiro a Cristo, a obediência ao superior humano se tornará muito mais fácil. O padrão de serviço também deve ser amplamente melhorado.

---

14   1 Timóteo 6.1-2, NAA.

UMA VIDA *de* OBEDIÊNCIA

"Quanto a vocês, servos, obedeçam a seus senhores aqui na terra com temor e tremor, com sinceridade de coração, como a Cristo, não servindo apenas quando estão sendo vigiados, somente para agradar pessoas, mas como servos de Cristo, fazendo de coração a vontade de Deus. Sirvam de boa vontade, como se estivessem trabalhando para o Senhor e não para pessoas, sabendo que cada um, se fizer alguma coisa boa, receberá isso outra vez do Senhor, seja servo, seja livre". (Efésios 6:5-8)[15]

Gert Behanna, em seu apelo "Mulheres, Sejam Mulheres!" (uma palestra dada muito antes do início do movimento de libertação das mulheres), pergunta às mulheres que odeiam o trabalho doméstico se elas estariam dispostas a passar uma camisa ou a cozinhar uma refeição para Jesus. Tornar qualquer tipo de serviço, não importa o quanto seja doméstico, em uma oferta a Jesus lança uma luz totalmente nova sobre aquela atividade.

A submissão de uma esposa a seu marido é a forma apropriada de honra que ela lhe paga. Ela a oferece da mesma forma que a ofereceria a Cristo. Ao respeitar seu marido, ela respeita a Cristo — isto é, respeita quem ele é em Cristo. Argumenta-se frequentemente que ela não lhe deve nada se ele não estiver cumprindo a ordem especial dada aos maridos: amem suas esposas. Essa atitude, porém, produz um impasse permanente. Enquanto ela se recusar a se submeter porque ele não merece o respeito dela, o marido, pela mesma lógica, pode recusar-lhe seu amor, já que ela não se submete e, portanto, não merece o respeito. A cada um foi dado um mandamento particular e uma

---

15 Efésios 6.5-8, NAA.

A disciplina da posição

força particular para cumprir seu papel mais do que somente pela metade. No caso da esposa, sua força é o que Pedro chama de "incorruptível trajo de um espírito manso e tranquilo".[16] Não há cálculo para o poder de tal submissão. É até mesmo possível que um marido descrente seja conquistado sem uma palavra dita quando vê o "comportamento honesto e cheio de temor" de sua esposa.

É possível pagar honras, como pedágio ou impostos, a um homem cruel e descrente? É possível fazê-lo mesmo se tudo na esposa recua em relação à injustiça ou ao ódio de seu marido? E se ela teme o sofrimento ou outras consequências assustadoras? A graça de Deus tem provido através dos séculos para ser suficiente em incontáveis circunstâncias humanas consideradas "impossíveis". Ela pode, através dessa graça, prestar-lhe honra e respeito *como ao* Senhor, certa de que, embora seja imerecido e aparentemente se perderá no marido, a honra e o respeito não se perdem em Jesus. E Cristo pode atrair o marido à fé por causa do comportamento reverente dela. A fé, e não o medo, deve governá-la. Dê uma chance a Deus! Eu daria.

Para aqueles que estão *em* autoridade, a honra toma uma forma diferente daquela prestada aos que estão *sob* autoridade. É necessária uma humildade ainda maior, como a de Cristo, que apesar de rico além de tudo o que se pode contar, para o bem dos pobres pecadores, tornou-se pobre. Ele aniquilou a si mesmo e desceu à morte por nós.

---

16   1 Pedro 3.4.

UMA VIDA *de* OBEDIÊNCIA

"Maridos, amai vossa mulher, como também Cristo amou a igreja".[17] Que missão! Que honra — para ele, de amá-la tanto, para ela, de ser tão amada. O marido deve honrar o corpo da esposa especificamente *porque* ele é mais fraco e porque eles são herdeiros juntos; ambos compartilham a graça da vida. Assim, *honra* significa não apenas respeito pela superioridade, mas reverência debaixo de Deus pelo *inferior*, o que significa "o que está colocado abaixo". Aqui não há lugar para a tirania, não há nada de intimidação, domínio, imposição. É uma humildade graciosa que honra o mais fraco.

Voltando ao casamento do príncipe, ninguém fica surpreso ao ver o entusiasmo das multidões que aplaudem. *É claro* que eles vão aplaudir. *É claro* que milhares de pessoas passarão de bom grado a noite na calçada, a fim de vislumbrar o carro e seus resplandecentes ocupantes. Mas quando o próprio príncipe retribui a honra com um sorriso gracioso, aqueles que estão por perto, que se sentem seguros de que é para eles, ficam "surpresos de alegria", e seus corações estão cheios de orgulho humilde. O maior honrou o menor. Não é apenas uma obrigação real (nobre obrigação); ela é ordenada por Deus.

Os mestres são ordenados a tratar os escravos com respeito: "E vós, senhores, de igual modo procedei para com eles, deixando as ameaças, sabendo que o Senhor, tanto deles como vosso, está nos céus e que para com ele não há acepção de pessoas".[18]

---

17 Efésios 5.25.
18 Efésios 6.9.

A disciplina da posição

Honra especial é devida aos "fracos" que, assim como os escravos, não estão em posições de poder. Viúvas que não tiveram filhos ou netos, receberam status especial ou honra.[19]

Os filhos também devem receber a devida honra: "E vós, pais, não provoqueis vossos filhos à ira, mas criai-os na disciplina e na admoestação do Senhor"[20]. Isso é justo. Os direitos dos filhos incluem serem cuidados física, espiritual e mentalmente, mas certamente não incluem o direito de serem ouvidos em assuntos sobre os quais nada sabem ou de serem tratados como iguais aos pais e professores. Conceder-lhes esse direito é enganá-los. É uma desonra, pois os priva de liberdade — a liberdade de serem filhos — e de justiça — o tratamento justo dos filhos. Honrá-los, portanto, é conceder-lhes quaisquer privilégios e responsabilidades que sejam justos e que possam ser exercidos adequadamente.

Nosso grande modelo disso, como em todos os outros aspectos da vida disciplinada, é Jesus. A honra foi seu próprio modo de existência. Pouco antes de ser crucificado, ele orou a seu Pai, referindo-se à conclusão de tudo o que o Pai lhe havia dado para fazer como sendo a forma pela qual ele, Cristo, o havia honrado. Ele pediu ao Pai para honrá-lo também na presença do próprio Pai, e ele fala sobre crentes que o honraram. Embora Jesus realmente tenha usado a palavra *honra* ao se referir às três maneiras pelas quais ela se deu — ele honrando seu Pai, o Pai o honrando e os crentes honrando Jesus –,

---

19 Ver 1 Timóteo 5.3-4.
20 Efésios 6.4.

UMA VIDA *de* OBEDIÊNCIA

há também uma quarta maneira: Jesus honrando os crentes. Ela está implícita durante toda a oração, em frases como:

> Manifestei o teu nome aos homens que me deste do mundo.

> [...] porque eu lhes tenho transmitido as palavras que me deste.

> É por eles que eu rogo [...]; por aqueles que me deste.

> Assim como tu me enviaste ao mundo, também eu os enviei ao mundo.[21]

Há alguma honra a ser comparada, do nosso ponto de vista, ao fato de o Senhor dos senhores e Rei dos reis ter parado para elevar-nos, os homens, à Trindade?

A medida da humilhação de Cristo é a medida da honra que nos foi conferida.

Notas da Bíblia de Jerusalém sobre Filipenses 2 dão a seguinte explanação:

> Cristo, sendo Deus, tinha todas as prerrogativas divinas por direito. Ele não considerava estar em igualdade com Deus como algo a se agarrar ou se segurar. Isso se refere não à sua igualdade por natureza "subsistindo em forma

---

21 João 17.6, 8-9, 18.

A disciplina da posição

de Deus", a qual Cristo não poderia ter se rendido, mas a esse ser tratado e honrado publicamente como igual a Deus, o que era uma coisa da qual Jesus (ao contrário de Adão, Gn 3:5, 22, que queria ser visto como Deus) poderia abrir mão e de fato o fez em sua vida humana.

"Ele se esvaziou": isso não é tanto uma referência ao fato da encarnação, mas ao modo como ela ocorreu. Aquilo do qual Jesus abriu mão livremente não foi de sua natureza divina, mas da glória a que sua natureza divina lhe deu direito, e que tinha sido dele antes da encarnação (João 17.5) e que normalmente teria sido observável em seu corpo humano. [...] Ele se privou voluntariamente disso para que pudesse ser-lhe devolvido pelo Pai (cf. João 8.50, 54) depois de seu sacrifício.[22]

Não é de admirar que Paulo, então, escreva:

Nada façais por partidarismo ou vanglória, mas por humildade, considerando cada um os outros superiores a si mesmo. Não tenha cada um em vista o que é propriamente seu, senão também cada qual o que é dos outros.

Tende em vós o mesmo sentimento que houve também em Cristo Jesus, pois ele, subsistindo em forma de Deus, não julgou como usurpação o ser igual a Deus [margem: ele não valorizou sua igualdade com Deus]; antes, a si mesmo se esvaziou, assumindo a forma

---

22 N. T.: Tradução livre.

UMA VIDA *de* OBEDIÊNCIA

de servo, tornando-se em semelhança de homens; e, reconhecido em figura humana, a si mesmo se humilhou, tornando-se obediente até à morte e morte de cruz.[23]

Sua renúncia à glória a que sua natureza divina lhe dava direito me parece talvez a parte mais incrível de sua humilhação. Sua obediência o capacitou a fazer qualquer coisa, absolutamente qualquer coisa que agradasse ao Pai, sem pensar em "como seria". Aquele que tinha conhecido a adoração incessante dos anjos veio a ser um escravo dos homens. Pregar, ensinar, curar os doentes e ressuscitar os mortos eram partes de seu ministério, é claro, e as partes que poderíamos nos considerar dispostos a fazer por Deus se fosse isso que ele pedisse. Ele *podia ser visto como Deus* neles. Mas Jesus também caminhava quilômetros no calor poeirento. Ele curou e as pessoas se esqueceram de agradecer-lhe. Foi pressionado e acossado por multidões de pessoas exigentes, ficou cansado, sedento e faminto, foi "seguido", assistido e assediado por líderes religiosos suspeitos, invejosos e farisaicos, e no final foi açoitado, cuspido e despojado, e teve pregos martelados em suas mãos. Ele renunciou ao direito (ou à honra) de ser tratado publicamente como igual a Deus.

Se eu e você fôssemos solicitados a escrever a descrição do trabalho de um salvador, o que constaria da lista? Um olhar cuidadoso sobre o que a vontade do Pai incluiu para o Salvador do mundo nos dará uma pista sobre o que um seguidor dele

---

23 Filipenses 2.3-8.

A disciplina da posição

poderia fazer. Dificilmente esperaríamos que ele tivesse de ir a um casamento de aldeia, que fosse um convidado para o jantar em muitos tipos diferentes de lares, que tomasse em seus braços filhinhos que não passavam de um incômodo para os discípulos ou que curasse uma mulher que não fosse uma das "ovelhas perdidas" de Israel.

Penso na descrição do trabalho, por exemplo, de um missionário. Meu irmão Dave (Howard) e eu estávamos discutindo a qualificação número um. Dave esteve ligado a missões e a missionários de uma forma ou de outra durante toda sua vida, e ele não teve problemas em ver a flexibilidade no topo da lista. Humildade era o que eu havia pensado, mas enquanto falávamos sobre isso vi que essas duas características realmente se resumem à mesma coisa.

Um missionário deve ser humilde o suficiente para ser flexível. Hoje em dia, os jovens candidatos são muitas vezes tão altamente treinados que se sentem superqualificados para os trabalhos que precisam ser feitos. A maioria dos postos de missão precisa desesperadamente de pessoas que estejam dispostas a fazer qualquer coisa que precise ser feita. É bom oferecer-se para o serviço, mas a forma de serviço não deve ser definida de forma muito restrita. É para ministrar, e não para sermos ministrados, que somos enviados.

Fui ao Equador para fazer um trabalho de tradução da Bíblia; um trabalho que, certamente, precisa ser feito. Porém, para fazer isso, tive que começar aprendendo línguas não escritas — o que significava passar muito tempo com pessoas que falavam a língua e que não estavam nem um pouco interessadas

UMA VIDA *de* OBEDIÊNCIA

na tradução da Bíblia. Para passar tempo com eles, tive que fazer o que eles faziam, sentar-me onde eles se sentavam, comer o que comiam, esforçar-me para pensar o que eles pensavam (até certo ponto!). Eu também tive que viver. Viver levava muito tempo, sob o que eram para mim, às vezes, condições difíceis. Eu precisava de uma lâmpada de gasolina, por isso gastei preciosos minutos alargando os geradores, substituindo as mantas ou enchendo essas lâmpadas. Trabalho "missionário"? Sim, necessariamente.

Eu não fui treinada para fazer trabalho médico, mas quando você descobre que é a única pessoa em um raio de quilômetros que está disposta a ter sangue em suas mãos e às vezes em suas roupas, que sabe como dar uma injeção ou administrar remédios contra vermes, você acaba fazendo exatamente isso. Se vai ter alguma aparência de eficiência civilizada em sua vida, você introduz coisas como lençóis de cama, pistas de pouso, janelas com tela e talvez um refrigerador de querosene. Logo você vê que não está sentada à uma mesa, preenchendo cartões de línguas diferentes ou tentando descobrir como escrever "No princípio era o Verbo" em Quichua, mas você está no chão, de barriga para baixo, olhando para o pavio fumegante da geladeira, tentando descobrir o que fazer antes que tudo apodreça no calor tropical. Ou você está lavando lençóis à mão ou ensinando outra pessoa como fazê-lo. Você é o capataz na pista de pouso, esperando manter 25 homens e mulheres balançando machetes alegremente durante quatro horas debaixo do sol quente (o sol incomoda *você*, não eles) e esperando que o

122

A disciplina da posição

resultado seja uma pista de pouso que atenda às especificações do piloto missionário.

A questão que surge bastante cedo na carreira de um missionário (a mesma questão que surge em qualquer discípulo) é: "Afinal, qual é a minha 'posição'?"

Qual era a posição de Jesus? Um servo. Um escravo. A minha conduta em relação aos outros surge da minha vida nele.

À princípio, a posição do missionário pode ser a de honrar aqueles que habitam o lugar aonde ele vai, assim como o mais forte honra o mais fraco, ou o benfeitor honra o beneficiário. Mas isso logo mudará. Eu estava profundamente consciente de minha posição como estrangeira, aberração e desvantagem para com os índios. Incapaz de saber como lidar com a selva em si, totalmente ignorante e aparentemente atrasada no que diz respeito à língua, além de não ter nada de muito útil para eles, eu certamente não estava em posição de poder. Quando começamos a lhes dar as Escrituras em sua própria língua e eles passaram a crer nelas e obedecer a elas, os índios começaram a reconhecer nossas razões para estarmos lá e a nos procurar para nos orientar. Essa foi uma mudança para uma posição de autoridade, logo seguida por outra, onde entregamos as rédeas e aprendemos a honrar aquelas pessoas não mais como mais fracas, mas como espiritualmente responsáveis perante Deus. Graciosamente renunciar a uma posição e ocupar outra, continuar trabalhando com a igreja em crescimento, mas sob sua autoridade, requer uma avaliação verdadeira e afiada da sua própria posição, bem como um olhar único para a glória de Deus.

UMA VIDA *de* OBEDIÊNCIA

O que me ajudou a chegar nesse entendimento foi perceber que eu era um vaso de barro. Vi um bom número de panelas de barro em casas indígenas. Elas eram muito comuns, feitas de coisas que se encontravam em quase todos os riachos e facilmente substituíveis. O que havia nelas era muito mais interessante do que as panelas em si, e era isso que eu era: coisa comum, substituível, mas que contém um "grande tesouro"[24], que é a vida de Jesus. Somente quando vivesse essa vida eu seria capaz de preferir os outros em honra.

Certamente uma das alegrias do céu será a aceitação de todo o coração e a ação de graças pela posição que foi dada a outros, pois nossa preocupação não será mais posição, honra ou direitos para nós mesmos, mas bênção, honra, glória e poder para o Cordeiro que está sentado no trono.

---

24 2 Coríntios 4.7, NVT.

A disciplina do tempo

Tu que a todos ama, estou firmada em ti,
Governante do tempo, Rei da Eternidade
em ti não há grande ou pequeno,
pois tu és tudo, e a tudo enche.

O mundo recente ao teu comando avança,
as gotas de orvalho caem em tuas mãos
Deus dos misteriosos poderes do firmamento
vejo-o os minutos de minhas horas entrelaçar.[1]

Amy Carmichael uniu lindamente em seu poema os dois conceitos antigos do tempo. Um, expresso pela palavra grega *chronos*, refere-se aos "minutos de nossas horas" ou à noção de duração e sucessão. O outro, *kairós*, é o que o dr. James Houston chama de "tempo avaliado", que significa instrumentação e propósito. "O homem precisa ver-se significativo, à luz dos acontecimentos, de *kairós*, vendo-se a si

---

1 Amy Carmichael, "God of the Nebulae". Tradução livre.

UMA VIDA *de* OBEDIÊNCIA

mesmo esperançosamente no contexto de uma realidade maior do que sua própria temporalidade, de *chronos*."[2]

"Estou firmada em ti, Governante do tempo, Rei da Eternidade" é a expressão de fé de que a minha temporalidade é compreendida apenas no contexto infinito da eternidade. Nem mesmo a pequena gota de orvalho fica sem o cuidado e a atenção daquele que a todos ama. Devo, então, pensar que algum detalhe de minha vida terrena, mesmo tão pequena como um minuto de uma das minhas horas, não tenha sentido? Como devo dar conta do meu tempo ao meu mestre?

Fui educada para acreditar que é pecado chegar atrasada. Fazer os outros esperarem por você, meus pais nos ensinaram, é roubar deles um de seus bens mais preciosos. O tempo é uma *criatura* — uma coisa criada — e um presente. Não podemos fazer mais tempo. Só podemos recebê-lo e ser fiéis mordomos no uso dele.

"Eu não tenho tempo" é provavelmente uma mentira mais comum do que imaginamos, que acoberta o "Eu não quero". Nós *temos* tempo — 24 horas em um dia, sete dias em uma semana. Todos nós temos a mesma parcela. "Se o presidente pode governar o país em 24 horas por dia, você deve ser capaz de limpar seu quarto", foi o que uma mãe disse a seu filho adolescente. As exigências de nosso tempo diferem, é claro, e é aqui que o discípulo deve consultar seu mestre. O que o Senhor quer que eu faça? Haverá tempo, tenha certeza absoluta, para *tudo* o que Deus quer que façamos.

Quando estamos no meio de um grande negócio, dificilmente pensamos no *kairós* e vemos o *chronos* apenas como horas

---

2 James Houston, *I Believe in the Creator* (London: Hodder & Stoughton, 1979), 238.

A disciplina do tempo

que voam mais rápido do que podemos contar. É quando as coisas estão calmas que nos damos conta de minutos que passam lentamente. Então temos a oportunidade, talvez, de pensar no significado mais profundo dessas duas palavras à luz da eternidade.

Este capítulo está sendo escrito em tranquilidade. Isso é especialmente maravilhoso, pois acontece depois de três semanas bastante rigorosas de viagem pela Inglaterra — duas mil milhas de viagem, muitas reuniões, muitas camas diferentes, incontáveis xícaras de chá. Eu não tinha certeza de onde estava quando acordei pela manhã. "Vamos ver: é terça-feira? Aqui deve ser Sheffield".

Sonhei ontem à noite que estava novamente em uma reunião, ouvindo os dois ou três oradores que me precederiam, revisando nervosamente em minha cabeça o que eu ia dizer. Ocorreu-me, então, em meu sonho, que eu não precisava dar nenhuma palestra. Eu poderia acordar se escolhesse, o que fiz, para meu imenso alívio, não encontrando nada além de um longo e tranquilo dia diante de mim, em que eu não daria palestra alguma.

Na verdade, eu nem sequer falaria. Estou sozinha no *hytte*. Nenhum telefone tocará, nenhum correio chegará. Há longos períodos de tempo não marcados — não há despertador, não há notícias da manhã para ouvir, não há hora especificada para as refeições, já que, nos dias em que Lars está aqui, ele pesca. Nunca tenho certeza se o cardápio incluirá peixe ou a que horas podemos sentar-nos à mesa. Lars sai, às vezes durante a noite, para visitar parentes e ver os lugares onde ele cresceu, enquanto eu fico sozinha. Quase não é necessário limpar ou cozinhar. Tenho poucas opções de roupas para usar. É uma felicidade "ter tempo".

127

UMA VIDA *de* OBEDIÊNCIA

A sensação do tempo é estranhamente alterada aqui por causa da duração da luz do dia. Estamos em junho, e o sol parece relutante em se pôr. Ele pende alto no céu ocidental sobre as águas, e quando a noite deveria estar sobre nós, o sol escorregou apenas um pouco abaixo do horizonte, onde ele rola paralelamente à linha de colinas baixas. Acordo à meia-noite e vou ficar ao lado da janela, olhando para o fiorde. O céu é iluminado por um brilho sinistro, como a luminosidade de uma tarde escurecida pela tempestade. Nem uma vez tive que acender uma lâmpada, portanto não há "pontuação" para a noite e para a manhã.

Nascer do sol, meio-dia, pôr-do-sol, meia-noite. Domingo, segunda-feira, terça-feira e quarta-feira. Janeiro, maio e setembro. Inverno, primavera, verão, outono. Páscoa, Ação de Graças, Natal. Esses são os sinais de pontuação do tempo, e que maravilhosa misericórdia Deus ter separado a luz das trevas — "e houve tarde e manhã, o primeiro dia". Seis dias, depois um dia de descanso. Luas que crescem e minguam. Estações que vêm e vão.

"Tudo tem o seu tempo determinado, e há tempo para todo o propósito debaixo do céu", escreveu Kohelet, o pregador do livro de Eclesiastes. Para nascer, morrer, plantar e arrancar o que se plantou, matar e curar, derribar e edificar, chorar e rir, prantear e dançar, espalhar pedras e ajuntá-las, abraçar e afastar-se, buscar e perder, guardar e deitar fora, rasgar e coser. Há momentos para o silêncio e para a fala, para o amor e o ódio, para a guerra e a paz.[3]

"Vi o trabalho que Deus impôs aos filhos dos homens, para com ele os afligir. Tudo fez Deus formoso no seu devido tempo;

---

3 Ver Eclesiastes 3.1-8.

128

A disciplina do tempo

também pôs a eternidade no coração do homem, sem que este possa descobrir as obras que Deus fez desde o princípio até ao fim."[4]

Aqui está uma receita para o tédio e o cinismo. Se a vida nada mais é do que uma sequência de minutos sem sentido, enfiada em horas, sem compreensão da obra de Deus do começo ao fim, a canção de um caipira diz tudo:

> Abra as portas e as moscas entram,
> feche as portas e estou suando de novo.
> A vida fica tediosa, não fica?

Para o cristão, o tempo é transfigurado à medida que o vemos seguro no amor de Deus, criado por e para Jesus Cristo, a quem pertence a primazia sobre todas as coisas criadas e o qual existiu antes de tudo e que a tudo sustenta. Vemos o passado como a ação contínua de Deus na história do homem, dando-lhe liberdade para agir, e o futuro como pertencendo também ao Senhor e mantendo para nós a esperança de redenção. É-nos dado o presente dentro do qual escolhemos a quem vamos servir, sabendo que esse momento afeta o próximo e que somos responsáveis por ele.

O nonagésimo salmo expressa o sentido humano do tempo e sua incrível rapidez e seriedade, mas olha com esperança a atemporalidade de Deus e a promessa de alegria futura.

> Antes que os montes nascessem [...] tu és Deus.
> Para ti, mil anos são como um dia que passa [...]

---

4 Eclesiastes 3.10-11.

UMA VIDA *de* OBEDIÊNCIA

são como sonhos que desaparecem [...]

e terminamos nossos dias com um gemido [...].

Recebemos setenta anos, alguns chegam aos oitenta.

Mas até os melhores anos são cheios de dor e desgosto;

logo desaparecem, e nós voamos [...].

Ajuda-nos a entender como a vida é breve,

para que vivamos com sabedoria [...].

Satisfaze-nos a cada manhã com o teu amor,

para que cantemos de alegria até o final da vida.

Dá-nos alegria proporcional aos dias de aflição;

compensa-nos pelos anos em que sofremos.[5]

É maravilhosamente estabilizador e calmante recordar algumas das maneiras pelas quais o tempo de Deus é visto nas grandes histórias bíblicas. Acontecimentos que o mundo descartaria como mera coincidência acabam sendo sincronizados com a máxima precisão pelo Governante do tempo. Quando o servo de Abraão foi procurar uma esposa para Isaque, ele fez os camelos ajoelharem-se junto ao poço fora da cidade e estava orando por orientação para encontrar a moça certa. Antes de ele terminar de orar, lá estava ela.

Quando Rute foi colher nos campos depois dos ceifeiros, "aconteceu" que ela estava na faixa que pertencia a Boás, e ela apareceu lá exatamente quando ele veio de Belém. Ele se tornou seu "parente-resgatador".

---

5 Salmos 90.2, 4, 5, 9, 10, 12, 14, 15; NVT.

A disciplina do tempo

O rapaz Davi, enviado com provisões para seus irmãos que eram soldados, chegou ao acampamento enquanto a hoste dos filisteus gritava o grito de guerra. Davi correu para as fileiras e chegou bem a tempo de ouvir o gigante de Gate, Golias, trovejar seu desafio: "Hoje, afronto as tropas de Israel. Dai-me um homem, para que ambos pelejemos."[6] E Davi, embora apenas um jovem, "ruivo e bonito", o desafiou em nome do Senhor dos Exércitos e cravou uma pedra de sua funda na testa de Golias.

Um versículo no segundo livro de Reis fala de um estranho e surpreendente golpe de "sorte": "Ora, bandos dos moabitas costumavam invadir a terra, à entrada do ano. Sucedeu que, enquanto alguns enterravam um homem, eis que viram um bando; então, lançaram o homem na sepultura de Eliseu; e, logo que o cadáver tocou os ossos de Eliseu, reviveu o homem e se levantou sobre os pés."[7]

Quando Jesus disse a Pedro e a João para irem preparar a Páscoa, eles deveriam encontrar a casa onde ele desejava celebrá-la, seguindo um homem que carregava um jarro de água, que eles encontrariam ao entrarem na cidade. Eles encontraram o local exatamente como Jesus dissera.

O encontro de Filipe com o etíope ministro do tesouro foi marcado pelo anjo do Senhor, que chegou a Filipe a tempo de enviá-lo à estrada Jerusalém-Gaza para se reunir com uma certa carruagem na qual um homem estava lendo uma certa passagem de um certo livro que Filipe, por acaso, conseguiu explicar a ele. O homem se tornou um crente.

---

6 1 Samuel 17.10.
7 2 Reis 13.20-21.

UMA VIDA *de* OBEDIÊNCIA

"Nas tuas mãos, estão os meus dias"[8] tornou-se parte de minha vida. Quando o Senhor me deixou na agonia de esperar por alguma decisão, essas palavras me colocaram em repouso. O tempo é sempre perfeito, embora raramente me pareça assim, pois meu temperamento anseia por previsões de atrações vindouras.

"Espera pelo SENHOR, tem bom ânimo, e fortifique-se o teu coração; espera, pois, pelo SENHOR"[9] é a palavra de que preciso muitas vezes.

Após uma reunião noturna na qual eu havia falado sobre o aspecto do tempo da orientação de Deus, uma mulher me disse: "Sei exatamente o que você quer dizer. Tem sido minha experiência também. Quando me ofereci para o serviço missionário, eu esperava que Deus me mostrasse imediatamente onde ele me queria, mas ele não me mostrou. Eu esperei e orei, orei e esperei, desesperada para saber. *Por que* ele não me disse? *Por que* devo esperar? Eu havia sido treinada como dietista, mas não podia imaginar que isso seria de grande utilidade no campo missionário. Foi dezoito meses depois de ter me voluntariado, dezoito meses de oração importunadora, quando uma missionária veio à escola bíblica para falar. No final de sua palestra, ela disse: 'E nós pedimos suas orações para que o Senhor nos envie um dietista para a Índia'. Imediatamente o Senhor disse: 'É você, Gwen. Vá!', e em seis meses eu estava na Índia".

"Nas tuas mãos, estão os meus dias". Muitas vezes eles parecem estar nas mãos das pessoas. Quando desejo solidão e nenhuma interrupção, o telefone toca, as pessoas vêm, chega

---

8 Salmos 31.15.
9 Salmos 27.14.

A disciplina do tempo

uma correspondência que exige ação imediata. Será que imagino que as interrupções vêm como uma surpresa para o Senhor? Não são elas, tanto quanto as coisas planejadas, uma parte do padrão de coisas que cooperam para o bem?

Voando em um pequeno avião sobre o vasto país agrícola de Manitoba em uma noite de primavera, fiquei fascinada com a beleza dos padrões criados pelo contorno das lavouras. Havia listras em vários tons de terra e verde, círculos e faixas e curvas por quilômetros e quilômetros em todos os lados. Mas os desenhos mais bonitos surgiam das interrupções — uma árvore aqui, um lago ali, uma colina, uma rocha, um rio. O lavrador tinha que dobrar a linha cada vez que passava por uma interrupção.

"Senhor, onde há interrupções, parece que o arranjo do tempo que eu havia planejado tão bem escapou de minhas mãos. Ajuda-me, então, a me lembrar de que ele não escapou das suas. Em suas mãos, essas coisas inesperadas serão transformadas em um desenho inesperadamente belo".

A suma de nosso trabalho aqui na terra é glorificar a Deus. Essa era também a suma da tarefa de Jesus. Como ele o fez? Pouco antes de ser crucificado, ele disse ao seu Pai: "Eu te glorifiquei na terra, consumando a obra que me confiaste para fazer".[10]

Havia infinitas exigências sobre o tempo de Jesus. As pessoas o pressionavam com suas necessidades para que ele e seus discípulos não tivessem descanso sequer para comer, e ele iria para as colinas para orar e ficar sozinho. Às vezes os discípulos vinham a ele com reprovação porque ele não estava disponível

---

10 João 17.4.

UMA VIDA *de* OBEDIÊNCIA

quando necessário. Deve ter havido, sempre e onde ele foi, aqueles que queriam ser curados que não podiam chegar até ele por causa das multidões, ou que souberam tarde demais que Jesus de Nazaré estava passando, ou que não tinham ninguém para levá-los até Jesus ou para enviá-los a pedir-lhe que viesse até eles. Quantos "se apenas" ele deve ter deixado para trás, e tantos outros que ele "poderia ter" feito. Deve ter havido coisas, também, que o próprio Jesus gostaria de ter feito durante aqueles três anos lotados de seu ministério público, mas ele era um homem, com as limitações de tempo e espaço de um homem. No entanto, ele tirou tempo para descansar, retirando-se para as colinas para orar sozinho e às vezes levando seus discípulos a lugares solitários, onde estivessem livres das multidões. Ainda assim, ele foi capaz de fazer aquela afirmação surpreendente: "Consumei a obra que me confiaste para fazer". Isso não foi o mesmo que dizer que ele havia terminado tudo o que podia pensar em fazer ou que ele tivesse feito tudo o que outros lhe haviam pedido. Ele não fez nenhuma reivindicação de ter feito o que queria fazer. A afirmação era que ele fizera o que lhe havia sido *dado*.

Essa é uma pista importante para nós. A obra de Deus é designada. O que foi dado ao Filho para fazer foi a vontade do Pai. O que nos é dado fazer também é a vontade do Pai.

Sempre há tempo suficiente para fazer a vontade de Deus. Para isso nunca podemos dizer: "Eu não tenho tempo". Quando nos sentimos agitados e frustrados, atormentados e transtornados, é um sinal de que estamos correndo em nosso próprio horário, não no de Deus.

A disciplina do tempo

Escrevi a uma amiga contando-lhe as coisas da minha lista para as quais eu precisava de suas orações. Era uma longa lista, mais do que eu sentia que poderia realizar.

"'Que a lista do Senhor seja feita', é o que estou orando por você nesses dias", escreveu ela de volta. É uma boa oração a ser orada por um discípulo. Sou totalmente a favor de fazer listas daquilo que precisa ser feito (e fico entusiasmada ao ticar as atividades quando completadas!). Mas as listas devem ser revistas diariamente com o Senhor, pedindo-lhe que apague o que não está na lista que ele tem para nós, para que antes de irmos deitar-nos seja possível dizer: "Consumei a obra que me confiaste para fazer".

"*Meu* fardo é leve", disse Jesus. O que nos pesa é o acréscimo de fardos que Deus nunca quis que carregássemos. Aprenda a dizer não. Muitos cristãos ocupados acham que devem agendar um tempo "livre" para ficarem quietos, para lerem livros, para estarem com a família. Se eles não fizerem isso, o tempo é facilmente preenchido com as exigências que os outros fazem. Não há nada de desonesto em dizer a alguém: "Sinto muito. Essa noite não está disponível". Se aquela noite foi reservada para a tranquilidade ou para a família, ela não está aberta a outras atividades.

"Meus dias", que estão nas mãos de Deus, agora incluem para mim uma quantidade relativamente grande de viagens. Lars e eu oramos sobre o horário, pedindo ao Senhor que nos dê sabedoria para organizarmos a viagem e o tempo em casa. Não é fácil saber o que dizer a um convite para um compromisso daqui a dezoito meses ou mais. Somos lançados ao Senhor, que vê o fim desde o início, e só podemos confiar nele para nos guiar em nossas respostas. Cada ano me esforço um pouco mais para ser sensata, para deixar espaço entre as viagens para as outras coisas que eu deveria fazer, e a cada ano parece mais difícil resolver os compromissos. Quando voltamos para casa após uma viagem, muitas vezes é tarde da noite. Desfazemos as malas e vamos para a cama, resistindo à tentação de fazer telefonemas ou abrir o correio. Pela manhã, a rotina começa: abrir a correspondência, arrancar todos os selos para a caixa missionária iraniana da igreja, ler a correspondência, organizá-la em pilhas — resposta imediata (cartas comerciais, convites, contas etc.), resposta atrasada (cartas de amigos). Organizar a escrivaninha, lavar a roupa, limpar a casa, comprar mantimentos, responder às correspondências, assar pão, lavar o cabelo, visitar a mãe, fazer telefonemas. Tentar escrever, pensar, ler e orar — antes de fazer outra mala.

Frustração não é a vontade de Deus. Disso nós podemos ter bastante certeza. Há tempo para fazer toda e qualquer coisa que Deus quer que façamos. A obediência se encaixa perfeitamente na estrutura dada por ele. Uma coisa que certamente não vai caber nela é a preocupação. Eis seis razões para isso:

1. *A preocupação é totalmente infrutífera.* Você já conseguiu acrescentar um centímetro onde você queria, ou subtrair um onde você não queria, apenas por estar ansioso? Se você não consegue fazer isso se preocupando, o que você *consegue* fazer?

A disciplina do tempo

2. *A preocupação é pior do que ser infrutífera.* Observe esses mandamentos:
   - Não temais.
   - Nem te espantes.
   - Não se turbe o vosso coração.
   - Não se atemorize.
   - Tende bom ânimo.

3. *A preocupação é pegar o que não foi dado* — por exemplo, o amanhã. O dia de amanhã não é nosso motivo de preocupação. Temos permissão para planejá-lo, mas não temos permissão para nos preocuparmos com ele. Os problemas de hoje já são um fardo suficiente. Jesus sabia exatamente do que estava falando quando disse isso.

4. *Preocupação é recusar o que é dado.* O cuidado de hoje, não o de amanhã, é a responsabilidade que nos é dada, repartida sob a sabedoria de Deus. Muitas vezes, negligenciamos o que nos foi atribuído no momento porque estamos preocupados com algo que não é da nossa conta agora. Como é fácil dar apenas a metade de nossa dedicação a alguém que precisa de nós — uma amiga, o marido ou um filho pequeno — porque a outra metade está concentrada em uma preocupação futura!

5. *A preocupação é a antítese da confiança.* Você simplesmente não pode fazer as duas coisas. Elas são mutuamente excludentes.

6. *A preocupação é um perverso desperdício de tempo* (bem como de energia).

137

UMA VIDA *de* OBEDIÊNCIA

Direcione seu tempo e sua energia para a preocupação e você será deficiente em coisas como cantar com graça em seu coração, orar com ação de graças, ouvir o relato de uma criança sobre seu dia de escola, convidar uma pessoa solitária para jantar, sentar-se para conversar sem pressa com a esposa ou o marido, escrever um bilhete para alguém que precise.

As pessoas desejam ter mais tempo livre. O problema não é ter pouquíssimo tempo, mas ter muito tempo *mal gasto*. Os jornais de domingo, quase todas as revistas e quase todos os programas de televisão são uma perda de tempo irracional.

Jesus nos chama: "Vinde a mim, todos os que estais cansados e sobrecarregados, e eu vos aliviarei. Tomai sobre vós o meu jugo e aprendei de mim, porque sou manso e humilde de coração".[11]

Como devemos chegar a ele? Em fé em primeiro lugar, para nossa salvação. Nenhum outro passo pode preceder esse. Mas aquele que depositou sua confiança no Senhor deve continuar a vir diariamente para aprender dele como ser gentil e humilde de coração. A administração do tempo, uma ciência altamente desenvolvida hoje, começa, para o cristão, com o tempo reservado para Deus. Outras coisas não podem cair em uma ordem pacífica se isso for omitido.

A vida de Daniel ilustra a disciplina do tempo. Ele tinha um horário regular para a oração. O rei Dario emitiu uma ordem para que qualquer um que nos trinta dias seguintes oferecesse uma petição a qualquer deus ou homem que não fosse ele mesmo, fosse jogado em uma cova de leões.

---

11 Mateus 11.28-29.

A disciplina do tempo

Podemos imaginar a perplexidade de Daniel. Será que ele deveria alterar seu tempo de oração? Reduzir a frequência? Eliminar completamente a oração? Escolher um lugar menos visível? Uma postura casual?

Seus inimigos estavam procurando uma maneira de pegá-lo e, claro, não tiveram problemas para encontrá-lo.

"Daniel, pois, quando soube que a escritura estava assinada, entrou em sua casa e, em cima, no seu quarto, onde havia janelas abertas do lado de Jerusalém, três vezes por dia, se punha de joelhos, e orava, e dava graças, diante do seu Deus, como costumava fazer".[12]

Ele era um alvo fácil, mas salvar sua pele não era tão importante para ele quanto servir a seu Deus. A oração era indispensável para isso, então ele estava disposto a deixar-se apanhar.

Apenas algumas palavras sobre o momento mais importante do dia: aquele gasto sozinho com o Senhor.

1. *Que seja um horário regular.* Pelo menos cinco dias por semana tenha um tempo especial para a solitude e o silêncio. Se você nunca o fez antes, comece com dez minutos. Você ficará surpreso com a rapidez com que esse tempo passa e logo precisará planejar mais.
2. *Tenha um lugar especial.* Qualquer lugar onde você possa estar sozinho, mesmo que tenha que ser no armário, no banheiro ou dentro do carro na garagem.

---

12 Daniel 6.10.

UMA VIDA *de* OBEDIÊNCIA

3. *Deixe sua oração incluir adoração, ação de graças, confissão de pecado, petição* (inclusive uma pedindo a Deus que fale com você durante seu tempo de solitude) *e intercessão* (orações pelos outros). Listas de nomes de pessoas pelas quais orar são uma grande ajuda para a maioria de nós. Quando as pessoas me pedem especialmente para orar por elas, preciso anotar os nomes para não esquecer.

4. *Mantenha um diário espiritual*, anotando as lições aprendidas, os versículos aplicados a uma necessidade particular, as orações respondidas. Isso é um grande encorajamento à fé.

5. *Leia uma parte da Bíblia em alguma sequência ordenada.* Três capítulos por dia e cinco aos domingos o levarão ao longo de toda a Bíblia em um ano. Algumas pessoas gostam de ler dois capítulos do Antigo Testamento e um do Novo a cada dia. Durante sua vida, Billy Graham lia diariamente tanto Salmos como Provérbios, junto com qualquer outra porção da Bíblia em que ele estava.

A melhor hora para a maioria das pessoas é cedo pela manhã — não porque a maioria de nós adora pular da cama, mas porque é a única hora do dia em que podemos ter certeza de não sermos interrompidos, e porque é melhor ter comunhão com Deus antes de ter comunhão com as pessoas. Sua atitude em relação a elas surgirá então de sua vida nele. Oferecer a Deus a primeira hora do dia é um sinal de consagração de todo o nosso tempo.

A disciplina das posses

Rosalind Goforth, em sua história de vida que ela e seu marido levaram como missionários na China, contou sobre terem sido roubados por bandidos e terem perdido tudo o que tinham. Ela chorou.

"Mas, minha querida", seu marido, Jonathan, chamou-lhe a atenção: "São apenas *coisas*".

"Assim, pois, todo aquele que dentre vós não renuncia a tudo quanto tem não pode ser meu discípulo",[1] foi o que Jesus disse sobre as coisas.

Essa é uma condição severa. Poucos de nós a cumprimos literalmente.

Eu gosto de coisas materiais. No *hytte*, por mais primitivo que pareça para muitas pessoas, tínhamos muito conforto. Havia uma pia de aço inoxidável na minúscula cozinha, que só não tinha torneiras. Ela tinha um ralo que corria para um recipiente plástico que Lars esvaziava a cada poucos dias. Tínhamos

---
1 Lucas 14.33.

UMA VIDA *de* OBEDIÊNCIA

um fogão a gás no qual cozinhávamos e aquecíamos água em uma grande chaleira laranja; toda nossa água quente vinha dessa fonte, para ser usada tanto para lavar louça quanto para tomar banho. A água era coletada em um grande tanque do telhado e levada para dentro de casa em um balde. A casa anexa era de primeira-classe — cortinas de renda na janela, quadros nas paredes.

No entanto, estou de volta à minha casa agora e aprecio mais do que nunca um banheiro com azulejos e uma pia de cozinha com torneiras. A água quente é um luxo extravagante, e muitas vezes agradeço a Deus por isso.

Geralmente é preciso perda ou privação em alguma medida para que a maioria de nós conte as bênçãos que tão prontamente tomamos como garantidas. A perda de coisas materiais não deve ser comparada à perda de pessoas que amamos, mas a maioria de nós já experimentou ambas, e são as coisas que estamos considerando agora.

Eu perdi 1 ano de trabalho linguístico no final do meu primeiro ano como missionária.

Vários anos depois que meu primeiro marido, Jim, morreu, eu assisti a uma formatura no Lincoln Center, em Nova York. Quando tirei minhas luvas de pelica, mais tarde, vi que havia perdido o anel de noivado de diamantes que ele me dera. Voltei imediatamente e procurei nas filas de assentos com um policial e sua lanterna, mas a equipe de limpeza já tinha feito a aspiração.

Na Costa Rica, minha carteira foi roubada quando a coloquei no balcão por um segundo para procurar meu passaporte

A disciplina das posses

em minha bolsa. O ágil agente de viagem do outro lado do balcão (não havia mais ninguém perto de nós) não sabia nada sobre o ocorrido e muito solenemente me ajudou a procurá-la.

Eu perdi um Novo Testamento com dezenove anos de anotações nele.

Minha casa foi assaltada duas vezes. Na primeira vez, eles levaram não só os itens substituíveis, como a televisão, um rádio e um gravador de fita, mas toda a prataria de herança. Quando ocorreu o segundo assalto, eu me perguntei por que não havia colocado um aviso mais cedo: "Este lugar foi limpo das coisas que você está procurando — dificilmente valerá a pena o risco de invadir". Minha amiga Harriet Payson teve uma ideia melhor. Ela colocou um pequeno letreiro em seu armário que guardava a prata: "Deus ama você".

Poucos de nós conhecem tão bem os extremos que o apóstolo Paulo conheceu: "Tanto sei estar humilhado como também ser honrado; de tudo e em todas as circunstâncias, já tenho experiência, tanto de fartura como de fome; assim de abundância como de escassez".[2] Seja qual for a medida na qual tenhamos experimentado isso, o Senhor nos deu a oportunidade de aprender as disciplinas vitais da posse.

A primeira lição é que as coisas são *dadas por Deus*.

"Não vos enganeis, meus amados irmãos. Toda boa dádiva e todo dom perfeito são lá do alto, descendo do Pai das luzes".[3]

---

2 Filipenses 4.12.
3 Tiago 1.16-17.

UMA VIDA *de* OBEDIÊNCIA

Vejo com frequência, brilhando no azul profundo do céu pouco antes do amanhecer, a estrela da manhã. Ao crepúsculo, o mar às vezes reflete as cores do rosa pálido e as tonalidades do pôr-do-sol. À noite, acordo para encontrar o quarto inundado pelo luar refletido do mar, no tampo de vidro da minha mesa junto à janela e no espelho da penteadeira. Voando a 30 mil pés, vi uma luz gloriosa brilhando sobre as torres e os castelos das nuvens cúmulo-nimbo. Que presente são essas luzes do céu! O mesmo Pai que as dá também nos dá todas as outras coisas boas e perfeitas.

É da natureza de Deus dar. Ele não pode evitar dar, assim como não pode evitar amar. Podemos contar absolutamente que ele nos dará tudo o que é bom para nós, isto é, tudo aquilo que pode nos ajudar a ser e fazer o que ele quer. Como ele não poderia fazer isso?

"Aquele que não poupou o seu próprio Filho, antes, por todos nós o entregou, porventura, não nos dará graciosamente com ele todas as coisas?"[4]

A segunda lição é que as coisas nos são dadas *para serem recebidas com ação de graças.*

Deus nos dá. Nós recebemos. Os animais também fazem isso, mas de forma mais direta e simples do que nós:

> Cheia está a terra das tuas riquezas [...]
>
> animais pequenos e grandes [...].
>
> Todos esperam de ti

---

4 Romanos 8.32.

A disciplina das posses

que lhes dês de comer a seu tempo.

Se lhes dás, eles o recolhem;

se abres a mão, eles se fartam de bens.[5]

Porque Deus nos dá as coisas indiretamente, permitindo-nos fazê-las com nossas próprias mãos (com as coisas que Ele fez, é claro), ou ganhar dinheiro para comprá-las, ou recebê-las através da doação de alguém, estamos propensos a esquecer que foi ele quem nos deu.

"Pois quem é que te faz sobressair? E que tens tu que não tenhas recebido? E, se o recebeste, por que te vanglorias, como se o não tiveras recebido?"[6]

A tomada de crédito se torna um absurdo quando nos lembramos de que não apenas os cérebros, as habilidades e as oportunidades de realização são presentes, mas também o próprio ar que respiramos e a capacidade de atraí-lo para os nossos pulmões.

Devemos ser gratos. A ação de graça exige o reconhecimento da Fonte. Isso implica contentamento com o que é dado, não reclamação sobre o que não é dado. Ela exclui a cobiça. A bondade e o amor de Deus escolhem os dons, e dizemos "obrigado", reconhecendo o pensamento por detrás, assim como a própria coisa. A cobiça envolve suspeita sobre a bondade e o amor de Deus, e até mesmo sobre a justiça dele. "Ele não me deu o que ele deu a outra pessoa". "Ele não percebe a minha

---

5 Salmos 104.24, 25, 27, 28.
6 1 Coríntios 4.7.

UMA VIDA *de* OBEDIÊNCIA

necessidade". "Ele não me ama tanto quanto ama o fulano". "Ele não é justo".

A fé olha para cima com as mãos abertas. "Você está me dando isso, Senhor? Obrigado, Senhor. Isso é bom, aceitável e perfeito".

A terceira lição é que as coisas podem ser *materiais para sacrifício*. Isso é o que é chamado de vida eucarística. O Pai derrama suas bênçãos sobre nós; nós, criaturas dele, recebemos as bênçãos de mãos abertas, damos graças e as elevamos como uma oferta de volta a ele, completando, assim, o ciclo.

Quando o templo de Salomão estava prestes a ser construído, o rei Davi perguntou quem estava disposto a dar de mãos abertas ao Senhor. O povo respondeu e deu ouro, prata, bronze, ferro e pedras preciosas. Então, Davi derramou seu louvor e suas ações de graça:

> Teu, SENHOR, é o poder, a grandeza, a honra, a vitória
> e a majestade; porque teu é tudo quanto há nos céus e
> na terra [...] Porque quem sou eu, e quem é o meu povo
> para que pudéssemos dar voluntariamente estas coisas?
> Porque tudo vem de ti, e das tuas mãos to damos.[7]

O povo se juntou ao louvor de Davi, prostrando-se diante do Senhor e do rei e, no dia seguinte, eles celebraram com o sacrifício de bois, carneiros, cordeiros e ofertas de libações, "com grande regozijo".

---

7 1 Crônicas 29.11, 14.

A disciplina das posses

"Cada um deve decidir em seu coração quanto dar. Não contribuam com relutância ou por obrigação. 'Pois Deus ama quem dá com alegria'. Deus é capaz de lhes conceder todo tipo de bênçãos, para que, em todo tempo, vocês tenham tudo de que precisam, e muito mais ainda, para repartir com outros".[8]

Diz-se que Hudson Taylor, fundador da China Inland Mission, uma vez por ano verificava o que tinha. Coisas que ele não usava há um ano eram doadas. Ele acreditava que seria responsabilizado pelo que retivesse e não havia razão para reter coisas que outra pessoa pudesse usar enquanto ele mesmo não tivesse precisado delas durante o período de 1 ano.

Alguns de nós somos acumuladores. Frugalidade é uma coisa, acumular é outra. Ter vivido em um país onde um frasco comum de maionese valia cinquenta centavos sem a maionese me faz extremamente cuidadosa com o que eu jogo fora. Eu costumo guardar o maior número possível de sacolas plásticas e os arames que as fecham, pois posso usá-los sempre que necessário. Minha mesquinhez no uso de papel manteiga e toalhas de papel é quase uma obsessão. Sou conhecida por secar as toalhas de papel usadas para secar folhas de alface — mas vivi por onze anos em um lugar onde não havia tais coisas, por isso, para mim, elas ainda são luxos.

No entanto, conheço uma senhora que tem armários cheios de pratos rachados e lascados, folhas de papel alumínio de comidas que foram congeladas, recipientes de plástico de queijo cottage e sorvete, e garfos e colheres descartáveis — em

---

8 2 Coríntios 9.7-8, NVT.

UMA VIDA *de* OBEDIÊNCIA

quantidade para durar até o milênio. A maioria de nós tem alguma área de nossas vidas que está desordenada e precisa ser liberada para dar espaço a coisas úteis. Por que nos apegamos às coisas desnecessárias? Seria por que nossa segurança reside na acumulação de bens materiais? Existe um sentimento de satisfação ao abrir um armário e ver 59 pares de sapatos, 42 blusas ou camisas? Será que uma pessoa pode fazer um uso razoável de seis conjuntos diferentes de pratos? (Estou muito grata a uma mulher da minha classe bíblica que, quando descobriu que algumas das outras mulheres estavam planejando ir juntas comprar um conjunto de louças para mim, lembrou-se de um conjunto não usado de porcelana Lenox que ela havia recebido como presente de casamento e me deu).

> Exorta aos ricos do presente século que não sejam orgulhosos, nem depositem a sua esperança na instabilidade da riqueza, mas em Deus, que tudo nos proporciona ricamente para nosso aprazimento; que pratiquem o bem, sejam ricos de boas obras, generosos em dar e prontos a repartir; que acumulem para si mesmos tesouros, sólido fundamento para o futuro, a fim de se apoderarem da verdadeira vida.[9]

Naturalmente, essa lição leva à quarta, que as coisas nos são dadas para que as *desfrutemos por um tempo.*

---

9   1 Timóteo 6.17-19.

A disciplina das posses

Nada prejudicou mais a visão cristã da vida do que a hedionda noção de que aqueles que são verdadeiramente espirituais perderam todo o interesse por este mundo e por suas belezas. A Bíblia diz: "Deus [...] tudo nos proporciona ricamente para nosso aprazimento". Ela também diz: "Não ameis o mundo nem as coisas que há no mundo".[10] É totalmente adequado e apropriado que desfrutemos as coisas feitas para esse fim. O que não é nada adequado ou apropriado é que coloquemos nosso coração nelas. As coisas temporais devem ser tratadas como coisas temporais — que foram recebidas, pelas quais somos gratos, que são oferecidas de volta, mas *desfrutadas*. Elas não devem ser tratadas como coisas eternas.

Jesus disse: "Tende cuidado e guardai-vos de toda e qualquer avareza; porque a vida de um homem não consiste na abundância dos bens que ele possui".[11] Ele continuou contando a história de um homem cujas colheitas renderam tanto que ele teve que derrubar seus celeiros para construir celeiros maiores. Então, ele se sentou e disse a si mesmo com confiança: "Descansa, come, bebe e regala-te".

"Mas Deus lhe disse: Louco, esta noite te pedirão a tua alma; e o que tens preparado, para quem será? Assim é o que entesoura para si mesmo e não é rico para com Deus".[12]

"Não acumuleis para vós outros tesouros sobre a terra, onde a traça e a ferrugem corroem e onde ladrões escavam e roubam; mas ajuntai para vós outros tesouros no céu, onde

---

10 1 João 2.15.
11 Lucas 12.15.
12 Lucas 12.20-21.

UMA VIDA *de* OBEDIÊNCIA

traça nem ferrugem corrói, e onde ladrões não escavam, nem roubam; porque, onde está o teu tesouro, aí estará também o teu coração".[13]

Devo confessar que houve um sentimento de libertação quando minha prata se foi. Eu me sentia inquieta cada vez que saíamos de casa. Tinha havido uma série de assaltos em nosso bairro, e sabíamos que provavelmente estávamos na lista. A polícia estava bastante certa de que sabia quem estava fazendo isso, mas parecia impotente para fazer qualquer coisa antes ou depois. Quando aconteceu, fiquei chocada, mas muito rapidamente fui capaz de dizer: "Bem, lá se foi isso. Obrigada, Senhor". Meu coração estava mais leve. Gastamos parte do dinheiro do seguro em um conjunto de prata platinada que suponho que ninguém vai querer tanto assim.

O jovem Francisco de Assis, acreditando que deveria casar-se com a "Senhora Pobreza", despiu suas roupas e as jogou no chão.

"De agora em diante", disse ele à multidão em frente ao palácio do bispo, "posso avançar nu diante do Senhor, verdadeiramente não mais dizendo: meu pai, Peter Bernardone, mas: nosso Pai que está nos céus!"[14]

O jardineiro do bispo lhe deu um pequeno casaco, cheio de buracos, sobre o qual ele desenhou uma cruz de giz. Em seguida, partiu pelo bosque, cantando os louvores do Senhor com toda a força de seus pulmões.

---

13 Mateus 6.19-21.

14 Omer Englebert, *Saint Francis of Assisi: A Biography* (Ann Arbor, MI: Servant, 1979), 36-37.

A disciplina das posses

Nem todos os cristãos são obrigados a se despir e a ir cantar no bosque, mas todos são obrigados a ter a mesma atitude de total liberdade da ansiedade que permitiu que São Francisco cantasse.

O coração que está relutante em receber alegremente todos os bons dons de Deus também está relutante em se separar de qualquer um deles.

Um homem que tinha grandes posses veio perguntar a Jesus o que ele deveria fazer para ganhar a vida eterna. Jesus disse que ele deveria guardar os mandamentos. Ele o tinha feito, disse o homem. O que mais era necessário?

"Se queres ser perfeito, vai, vende os teus bens, [...] depois, vem e segue-me."[15]

A atitude do homem em relação aos seus bens é revelada quando ele vai embora com o coração pesado. Ele não poderia conhecer a liberdade enquanto se agarrasse aos seus bens. Ele veio a Jesus com o fardo das riquezas. Ele foi embora igualmente carregado quando Jesus quis dar-lhe descanso.

Entre minhas menores posses está uma que parece ser um grande presente da civilização — um cobertor elétrico. Aqui na Nova Inglaterra, onde nossos esforços para conservar o combustível nos obrigam a manter a casa um pouco mais fria do que um iglu, é delicioso entrar em uma cama pré-aquecida. Também sou grata pelos lençóis limpos secos pelo sol e pelo vento; pelo creme no cereal de flocos de uva e nozes; pelos supermercados e pelo carro que me faz chegar até eles; pelo

---

15 Mateus 19.21.

UMA VIDA *de* OBEDIÊNCIA

telefone, pela eletricidade e pelo encanamento. Sei muito bem que todas essas coisas são presentes, totalmente imerecidos, cada um deles passíveis de serem movidos muito rapidamente e ainda assim destinados ao desfrute se forem dados.

"Mas as coisas materiais não são inimigas das espirituais?", você pergunta.

A resposta é não. É uma heresia de origem antiga, mas comum em todas as épocas, imaginar que existe uma dicotomia entre o que é visto e o que não é. O que se vê *procede do* invisível.

"Pela fé, entendemos que foi o universo formado pela palavra de Deus, de maneira que o visível veio a existir das coisas que não aparecem"[16].

O dualismo sustenta que escapar, reprimir ou ignorar o material é bom. O corpo é, em si mesmo, uma prisão da qual a alma deve escapar. O cristianismo não é dualismo. O corpo não é o mal. Jesus Cristo desceu do céu, foi encarnado pelo Espírito Santo e feito homem, santificando assim para sempre as coisas visíveis. Deus não está procurando homens e mulheres que irão aprender a odiar o que ele fez, mas está procurando aqueles que aprenderão a amar as coisas da forma que ele ama, como coisas que procedem dele e voltam para ele.

"Deus vai me tirar os bens?", você pergunta.

Se essa é a única maneira que ele pode chamar sua atenção, pode ser que ele realmente o faça. Se a perda ajudará a mudar sua perspectiva sobre o valor relativo das coisas vistas

---

16 Hebreus 11.3.

A disciplina das posses

e não vistas, ele pode fazer isso de fato. O apóstolo Paulo afirmou ter sofrido a perda de tudo por causa de Cristo. "Eu as considero como esterco para poder ganhar Cristo e ser encontrado nele [...] Quero conhecer Cristo".[17]

De fato, as perdas mais esmagadoras da minha vida, aquelas que eu mais temia, foram "de longe compensadas pelo ganho de conhecer Cristo Jesus, meu Senhor".[18] Nunca poderei provar isso a ninguém. Não posso demonstrá-lo logicamente ou cientificamente. Só sei que é verdade e o diria com todo o meu coração a outros que, desejando conhecer Cristo em toda sua plenitude — no poder de sua ressurreição — e na comunhão de seu sofrimento — ainda temem a perda. Não tenham medo. Não tenham medo. Não tenham medo. O ganho será maior do que tudo.

"Pois os nossos sofrimentos leves e momentâneos estão produzindo para nós uma glória eterna que pesa mais do que todos eles [...] pois o que se vê é transitório, mas o que não se vê é eterno".[19]

Mas ainda permanece um medo.

"Suponhamos que Deus não me tire os meus bens. Será que ele me pede para desistir deles?"

George MacDonald tem aqui um pouco de "consolo mórbido":

---

17 Filipenses 3.8, 10, NVI.
18 Filipenses 3.8, tradução livre da versão New English Bible (NEB).
19 2 Coríntios 4.17,18, NVI.

UMA VIDA *de* OBEDIÊNCIA

Você está tão satisfeito com o que você é, que nunca procurou a vida eterna, nunca teve fome e sede da justiça de Deus, da perfeição de seu ser? Se essa última declaração for sua condição, então seja consolado; o Mestre não exige de você que venda o que tem e dê aos pobres. *Você* o segue! *Você* vai com ele para pregar boas novas! — Você, que não se importa com a justiça! Você não é aquele cuja companhia é desejável para o Mestre. Sede consolados, digo eu: ele não quer você; ele não lhe pedirá que você abra sua bolsa para ele; você pode dar ou reter: isso não significa nada para ele [...] *Vá e observe os mandamentos.* Isso ainda não chegou ao seu dinheiro. Os mandamentos são suficientes para você. Você ainda não é um filho no reino. Você não se importa com os braços de seu Pai; você valoriza apenas o abrigo do teto dele. Quanto ao seu dinheiro, deixe que os mandamentos lhe orientem como utilizá-lo. É uma presunção lamentável se perguntar se é exigido de vocês que vendam tudo o que têm [...] Para o Jovem, ter vendido tudo e seguir Jesus teria sido aceitar a patente de paridade de Deus: a vocês isso não é oferecido.

Isso o conforta? Então, ai de você! [...] Seu alívio é saber que o Senhor não precisa de você — não requer que você se separe de seu dinheiro, não oferece a si mesmo a você. Você de fato não o vende por trinta moedas de prata, mas está feliz por não comprá-lo com tudo o que você tem.[20]

---

20 George MacDonald, "The Hardness of the Way", *Anthology of George MacDonald*, ed. C. S. Lewis (New York: Macmillan, 1947). 113-14.

A disciplina das posses

"Mas", diz você, "eu realmente busco a vida eterna". Eu tenho muita fome e sede de justiça. Eu me preocupo com os braços do Pai. Devo então abandonar tudo o que possuo, hoje, literalmente?"

Só posso dizer o seguinte: Deus pode um dia lhe pedir isso. Se ele o fizer, creio que primeiro ele o preparará para isso e testará a validade de sua reivindicação de boa vontade por meio de compromissos menores.

Você dá o dízimo? O dinheiro é um bom lugar para começar, pois é o que nos toca mais. Conheço uma igreja batista do Sul onde todos os domingos de manhã a congregação se levanta e diz: "A Bíblia ensina. Eu acredito nisso. Dê o dízimo". A oferta é, então, recolhida, em média cerca de 30 mil dólares por semana.

Um dízimo é um décimo. Nos tempos do Antigo Testamento, o povo de Israel dava um décimo de tudo o que tinha — rebanhos, frutos, colheitas, dinheiro. Devemos nós, que vivemos "sob a graça", fazer menos do que era exigido por lei? Devemos deixar que nossas ofertas sejam uma "primeira carga" ao Senhor?

"Honra ao Senhor com os teus bens e com as primícias de toda a tua renda; e se encherão fartamente os teus celeiros, e transbordarão de vinho os teus lagares".[21]

"Devo dar um décimo da renda bruta ou um décimo da renda depois dos impostos?" Se você achar difícil fazer qualquer um dos dois, não é provável que Deus ainda esteja convidando você a abandonar *tudo* para segui-lo.

---

21 Provérbios 3.9-10.

UMA VIDA *de* OBEDIÊNCIA

Outro teste possível: como você reage quando suas posses são danificadas, destruídas, roubadas?

Você está disposto a ser defraudado? Você exige pagamento?

Você está chateado com alguma infração ao seu "direito" de possuir? Está preocupado com o que lhe pertence? Seus punhos estão cerrados ou suas palmas estão abertas? Quem é seu mestre, Deus ou dinheiro? Atrás do que você tem corrido?

Roupas, comida, dinheiro: "Porque os gentios é que procuram todas estas coisas; pois vosso Pai celeste sabe que necessitais de todas elas"[22]. Ponha sua mente no Reino de Deus e em sua justiça antes de tudo, e todo o resto virá até você também. "Portanto, não vos inquieteis com o dia de amanhã, pois o amanhã trará os seus cuidados."

Portanto, estamos de volta à primeira lição: as coisas são dadas por Deus. Podemos confiar nele para nos dar. Meu cachorrinho, MacDuff, me ensinou muitas lições. Como a vida era simples para ele! Ele confiava em mim. Ele viveu sua vida um dia de cada vez, vestindo seu único casaco preto, fornecido por um Pai celestial, apropriado a todas as ocasiões, o ano inteiro. O jantar estava lá no pote — ração Ken L., Gaines-Burgers, restos da mesa, o que quer que fosse. Nenhuma decisão sobre o cardápio o perturbava. Ele tinha uma casa e um tremendo quintal, e alguns esquilos e coelhos que ele se sentia responsável por perseguir e para os quais latir, mas não tinha impostos ou pagamentos de hipoteca. Todas as coisas eram resolvidas

---

22 Mateus 6.32-34.

A disciplina das posses

para ele. O que ele fez de forma natural é uma dura lição, a qual nós, seres humanos, temos que desenvolver.

C. S. Lewis escreveu à Senhora Americana, quando ela teve uma crise financeira: "Suponho que viver no dia a dia ("não andeis ansiosos pelo dia de amanhã") é exatamente o que temos que aprender — embora o velho Adão em mim às vezes murmure que se Deus quisesse que eu vivesse como os lírios do campo, se ele não me daria a mesma falta de nervosismo e imaginação que eles desfrutam!"[23]

Quatro lições, então:

1. As coisas são dadas por Deus.
2. As coisas devem ser recebidas com ações de graça.
3. As coisas são materiais para sacrifício.
4. As coisas nos são dadas para que as desfrutemos por um tempo.

E há um quinto item: *tudo o que pertence a Cristo é nosso*. Portanto, como escreveu Amy Carmichael: "Tudo o que sempre foi nosso é nosso para sempre".

Dizemos muitas vezes que o que é nosso pertence a Cristo. Será que nos lembramos do oposto: que o que é dele é nosso? Isso me parece uma verdade maravilhosa, quase uma verdade incrível. Se assim o é, como podemos realmente "perder" alguma coisa? Como podemos sequer falar que ele tem "direito" aos *nossos* bens?

---

23 C. S. Lewis, *Letters to an American Lady*, ed. Clyde S. Kilby (Grand Rapids: Eerdmans, 1967), 76.

UMA VIDA *de* OBEDIÊNCIA

"Portanto, ninguém se glorie nos homens; porque tudo é vosso: seja Paulo, seja Apolo, seja Cefas, seja o mundo, seja a vida, seja a morte, sejam as coisas presentes, sejam as futuras, tudo é vosso, e vós, de Cristo, e Cristo, de Deus".[24]

"Filho, tu estás sempre comigo, e tudo o que eu tenho é teu", diz-nos o Pai. Isso é riqueza.

---

24 1 Coríntios 3.21-23.

A disciplina do trabalho

Não existe um trabalho cristão. Ou seja, não existe trabalho no mundo que seja, em si mesmo, cristão. O trabalho cristão é qualquer tipo de trabalho, desde limpar um esgoto até pregar um sermão, que é feito por um cristão e oferecido a Deus.

Isso significa que ninguém é excluído de servir a Deus. Significa que nenhum trabalho está "abaixo" de um cristão. Significa que não há trabalho no mundo que precise ser entediante ou inútil. Um cristão encontra realização não no tipo particular de trabalho que ele faz, mas na forma como o faz. O trabalho feito para Cristo o tempo todo deve ser "trabalho cristão em tempo integral".

Os coletores de impostos e soldados estavam entre aqueles que saíram para o deserto para serem batizados por João. Quando perguntaram o que deveriam fazer para provar seu arrependimento, João não lhes disse para desistirem de seus trabalhos e começarem a fazer o que ele fazia. Aos coletores

UMA VIDA *de* OBEDIÊNCIA

de impostos ele disse: "Não cobreis mais do que o estipulado". Aos soldados, disse: "A ninguém maltrateis, não deis denúncia falsa e contentai-vos com o vosso soldo".[1] Essa forma de fazer o trabalho específico deles certamente seria uma direção radicalmente nova. Um cobrador de impostos que não recebesse mais do que o exigido por lei ou um soldado que nunca intimidasse, nunca chantageasse, nunca protestasse por salários mais altos, seria um não conformista da melhor qualidade.

Cada um de nós tem um cumprimento do dever marcado por Deus. Para a maioria dos seres humanos, durante a maior parte da história, tem havido pouca escolha disponível. Tendemos a esquecer isso numa época em que as opções parecem ilimitadas e quando, em geral, "o que a pessoa faz" significa especificamente a capacidade que ela tem de ganhar dinheiro. O dever, porém, inclui tudo o que devemos fazer pelos outros: arrumar uma cama, dar carona a alguém para a igreja, cortar um gramado, limpar uma garagem, pintar uma casa. Muitas vezes, é possível "sair do" trabalho dessa maneira. Ninguém está nos pagando. É preciso simplesmente fazer aquilo, e se não o fizermos, ninguém o fará. Mas a natureza do trabalho muda quando vemos que é Deus quem marca esse cumprimento do dever. É um serviço para ele. Quando o vemos, podemos dizer: "Senhor, quando foi que eu cortei o teu gramado? Quando foi que passei tua roupa?" Ele responderá: "Quando você o fez por um dos menores de meus filhos, você o fez por mim".

---

1 Lucas 3.13-14.

A disciplina do trabalho

O irmão Lawrence praticou a presença de Deus na cozinha de um mosteiro. Sophie, a esfregadora, limpava pisos para Jesus. Dag Hammarskjöld, como secretário-geral das Nações Unidas, ofereceu seu trabalho a Deus, encontrando nos escritos dos grandes místicos medievais a explicação de como um homem deve viver uma vida de serviço social ativo:

> Para quem a "autoentrega" tinha sido o caminho para a autorrealização, e que na "singeleza da mente" e na "interioridade" tinham encontrado forças para dizer sim a cada exigência que as necessidades de seus vizinhos os fazia enfrentar, e para dizer sim também a cada destino que a vida tinha reservado para eles. Amor — essa palavra muito mal-usada e mal-interpretada —, para eles significava simplesmente um transbordamento da força com que se sentiam preenchidos quando viviam em verdadeiro autoesquecimento. E esse amor encontrou expressão natural no cumprimento sem hesitação do dever e na aceitação sem reservas da vida, o que quer que fosse que os trouxesse pessoalmente de trabalho, sofrimento ou felicidade.

As primeiras palavras de um diário em 1956, lê-se:

Diante de ti, Pai,
em retidão e humildade,

UMA VIDA *de* OBEDIÊNCIA

contigo, Irmão,

na fé e na coragem,

em ti, Espírito,

em quietude.

Vosso, pois vossa vontade é o meu destino,

Dedicado — pois meu destino é ser usado, e usado de

acordo com a tua vontade.[2]

Quais são as exigências que nos são impostas pelas necessidades de nossas famílias ou de nossos vizinhos? Esse é o cumprimento do dever que Deus nos estabeleceu. Para mim, quando eu era uma observadora próxima da vida dos índios da selva, ficou bastante claro que todos eles faziam o que tinham que fazer para sobreviver, desde a menor criança, que podia caminhar até a velha avó que ainda pegava sua cesta e saía para plantar mandioca na clareira da família. Havia poucas escolhas de fato. Eles não se parabenizavam por cumprir seus deveres. Certamente nunca lhes passou pela cabeça que fossem virtuosos por fazer isso. O dever é *bom*. Quando o fazemos, estamos fazendo o bem, mas não estamos ganhando mérito por isso.

É errado fazer tantas distinções entre aquilo do qual não podemos "escapar" de fazer — ou seja, o que é necessário para a sobrevivência — e o que escolhemos fazer. O trabalho diário de oito horas pelo qual estamos sendo pagos é um dever, bem como

---

2 Dag Hammarskjöld, *Markings* (London: Faber & Faber, 1975), 109.

A disciplina do trabalho

uma necessidade física. Muitas coisas que fazemos "depois do trabalho", a menos que sejamos pessoas demoniacamente egoístas, são trabalho também, muitas vezes para os outros. Os dois são tão diferentes assim aos olhos de Deus? Eu duvido. O trabalho que me foi designado inclui escrever e falar, formas de serviço muitas vezes rotuladas como "cristão em tempo integral", mas meu serviço a Deus também inclui tarefas domésticas e de correspondência, e estar disponível para ajudar a família e os amigos a fazerem coisas que precisam ser feitas. Se meu marido precisa de um corte de cabelo ou que uma carta seja digitada, eu estou disponível.

"Nós, porém, não nos gloriaremos sem medida", escreveu Paulo aos coríntios, "mas respeitamos o limite da esfera de ação que Deus nos demarcou e que se estende até vós. Porque não ultrapassamos os nossos limites como se não devêssemos chegar até vós, posto que já chegamos até vós com o evangelho de Cristo; não nos gloriando fora de medida nos trabalhos alheios e tendo esperança de que, crescendo a vossa fé, seremos sobremaneira engrandecidos entre vós, dentro da nossa esfera de ação".[3]

O que é a nossa "esfera de ação"? Não podemos descartar o fato da vida moderna: na realidade, existem muitas escolhas quando se trata de discernir essa esfera. Estejamos certos de que Deus sabe como mostrar a vontade dele a quem está disposto a fazê-la. O lugar para começar a descobrir a esfera maior é na esfera menor — na disposição de dizer sim a toda exigência que a necessidade do próximo nos faz enfrentar.

---

3   2 Coríntios 10.13-15.

UMA VIDA *de* OBEDIÊNCIA

Um jovem casal veio me pedir conselhos sobre o trabalho da esposa. O homem estava estudando ainda, então era necessário que ela trabalhasse para pagar as contas. Essa é uma das duras realidades atuais e coloca uma tensão em qualquer casamento. Acredito que esse possa ser um acordo viável desde que seja visto, por ambas as partes, como um expediente temporário até que seja possível para o marido assumir a responsabilidade que recai sobre os maridos: cuidar de suas esposas, possibilitar-lhes ter uma família e, em seguida, sustentar essa família. Essa, porém, não foi a maior dificuldade do jovem casal. Ambos viam a situação como temporária, não ideal. O problema era que ela não estava achando seu trabalho muito "gratificante". Será que ela deveria correr o risco de deixar um trabalho chato e esperar que o Senhor a levasse a um melhor? Claro que era uma pergunta que eu não podia responder por eles, mas tentei ajudá-los a enxergar a coisa toda de uma maneira diferente.

Primeiro, o trabalho dela era uma necessidade econômica, uma vez que ele não podia trabalhar. Qualquer trabalho era melhor do que nenhum trabalho. Em segundo lugar, era um trabalho temporário. Ela não precisava pensar nele como uma carreira. Ela queria ser mãe. Terceiro — e eles não tinham pensado nisso —, "realização" não se encontra em nenhum emprego no mundo. Ela estava enganada em buscar realização ali. Ela achava que o trabalho estava "abaixo" dela, o que a fazia se sentir "superqualificada", uma vez que tinha um diploma que não tinha nada a ver com o tipo de trabalho que fazia e que, portanto, ia ser desperdiçado. Será que ela estava disposta a fazer qualquer coisa que a necessidade atual deles exigisse

A disciplina do trabalho

— para o bem de seu marido — como para o Senhor? Será que ela estava disposta a renunciar a todo o pensamento de satisfação pessoal no trabalho e, em vez disso, procurar satisfazer o Mestre? (Como eu poderia convencê-la de que a satisfação de fazer um trabalho para Deus seria infinitamente maior do que as recompensas que o uso de suas chamadas qualificações poderia trazer?)

Eu não sei o que aconteceu com eles. Talvez Deus tenha proporcionado uma posição interessante e desafiadora para ela. Caso contrário, espero que tenham aprendido a lição essencial: interesse e desafio sempre podem ser encontrados em qualquer tarefa feita para Deus. Se nosso trabalho parece estar abaixo de nós, se ele se torna entediante e sem sentido, uma mera labuta, ele pode ser uma forma de ganhar a vida, mas isso não é viver. Não é a vida de liberdade e plenitude que a vida de um discípulo é projetada para ser.

Será que Deus nos pede para fazer o que está abaixo de nós? Essa pergunta nunca mais nos incomodará se considerarmos o Senhor do céu pegando uma toalha e lavando pés.

Na época do início da igreja, quando os Doze precisavam de alguém para cuidar da distribuição diária às viúvas, eles disseram que seria um grave erro negligenciarem a Palavra de Deus para "servir às mesas". Que eles não queriam dizer que o trabalho estava abaixo deles está claro pelo tipo de homens que eles procuravam para preencher o cargo: "de boa reputação, cheios do Espírito e de sabedoria".[4] Os próprios apóstolos, lembre-se, eram

---

4 Atos 6.3.

UMA VIDA *de* OBEDIÊNCIA

leigos sem formação, mas tinham sido claramente chamados ao ministério da Palavra. Homens diferentes têm dons diferentes, responsabilidades diferentes, e até mesmo servir às mesas requer o Espírito e a sabedoria. Ambos os tipos de trabalho precisavam ser feitos na igreja, e eles procuraram o Senhor para que ele fizesse as nomeações. É especialmente interessante que um dos homens nomeados foi Estêvão, "cheio de fé e do Espírito Santo", cuja aceitação da responsabilidade pelas viúvas gregas logo o levou a fazer grandes milagres e sinais (quem sabe se ele foi o primeiro a conciliá-las, e isso em si mesmo foi visto como um milagre...) e a falar com tanta sabedoria inspirada que ele despertou o extremo ciúme e ódio irracional da elite religiosa. Ele deve ter sido um homem verdadeiramente humilde para ter aceitado essa primeira tarefa e um homem muito brilhante para ter causado tamanha impressão como orador. Deus o preparou para o martírio, dando-lhe um trabalho ordinário.

Muitas noções tolas sobre o que faz um grande mártir se dissolveriam se traçássemos a história do primeiro mártir da igreja.

Capítulo 1: Uma disputa entre gregos e judeus sobre o trabalho das viúvas.

Capítulo 2: Estêvão nomeado para uma comissão que atendia mesas.

Capítulo 3: Estêvão começa a fazer milagres.

Capítulo 4: Chamado pela Sinagoga dos Libertos.

Capítulo 5: A defesa e visão de Estêvão do Filho do Homem.

Capítulo 6: Apedrejado até a morte.

A disciplina do trabalho

O que constitui uma "grande obra para Deus"? Por onde ela começa? Sempre com humildade. Não em ser servido, mas em servir. Não na autoatualização, mas na autoentrega.

Certa vez, ouvi uma fórmula que garantia prevenir o tédio. Ela deve conter:

1. algo para fazer;
2. alguém para amar;
3. algo pelo qual esperar.

O cristão tem tudo isso em Cristo: um trabalho, um Mestre e uma esperança. No entanto, com que facilidade nos esquecemos disso. Um dos resultados da queda é que perdemos de vista o significado das coisas e começamos a ver o mundo como monótono e opaco, em vez de enxergá-lo como carregado de glória. O que as outras pessoas estão fazendo parece muito mais interessante e emocionante do que o que temos que fazer. Não há "magia" em *minha* rotina, nós pensamos — mas a dela parece invejável.

Se Estêvão tivesse colocado seu coração no trabalho de milagres e sinais, ou em tornar-se um brilhante apologeta, dificilmente estaria disposto a aceitar uma nomeação no conselho do bem-estar. Isso, no entanto, foi o que aconteceu para ele naquele momento. Havia uma necessidade e ele foi chamado para preenchê-la. Ele disse sim. Seu coração estava fixado em uma coisa: na obediência a Deus. Ele foi considerado digno de sofrer porque estava disposto a servir. Estêvão não elevou sua

UMA VIDA *de* OBEDIÊNCIA

alma à vaidade, sonhando em alcançar um lugar de alta distinção na história da igreja.

"Quem subirá ao monte do Senhor? Quem há de permanecer no seu santo lugar? O que é limpo de mãos e puro de coração".[5]

Ofereçamos o nosso trabalho como oferecemos nossas mãos, nossos corações, nossos corpos — um sacrifício aceitável, porque é ofertado àquele que é o único que pode purificar. Sem essa oferta, a coisa morre. A morte, a falta de vida, o tédio são inevitáveis.

Mesmo o trabalho de escrever (livros "cristãos"!) pode tornar-se monótono. Para muitos, parece maravilhosamente empolgante. Eu sei, porque eles vêm até mim com olhos brilhantes e falam sobre como deve ser maravilhoso. "Espero escrever um livro algum dia", dizem eles, "quando tiver tempo... quando as crianças estiverem maiores... quando eu me aposentar...".

Eu os encorajo a fazer isso, com toda a certeza. Mas se eles perguntarem se eu amo escrever, se é puro prazer, se alguma vez eu acho difícil, devo admitir que para mim o processo é sempre difícil. Devo me obrigar a enfrentá-lo, dia após dia.

Ontem, por exemplo, foi ruim. Tive o dia todo para mim em um lugar tranquilo. Não havia a menor chance, salvo alguma emergência, de qualquer interrupção. Eu sabia o que tinha que fazer. Tinha as anotações preparadas. Eu tinha a máquina de escrever, o papel, o lugar para trabalhar. Estou em excelente

---

5 Salmos 24.3-4.

A disciplina do trabalho

saúde. A temperatura estava perfeita — não muito quente, não muito fria. Se você não consegue trabalhar em condições como essas, não se pode trabalhar de forma alguma. Eu estava sempre dizendo isso a mim mesma.

Mas eu não tinha vontade de trabalhar. Tudo se resumia a isso. Eu estava inquieta, distraída e desgostosa comigo mesma. Eu me perguntava se eu tinha "chegado ao meu limite", como dizem os ingleses.[6] Talvez eu realmente não tivesse nada a dizer, afinal de contas. Tudo tinha sido dito, é claro, e talvez tudo tivesse sido dito por mim. Eu estava me repetindo. Ai de mim. Além disso, se não tivesse sido dito, o que eu sabia sobre o assunto, afinal? Os pensamentos de que provavelmente ainda havia alguns leitores por aí que gostariam do que eu escrevi e que eu tinha acabado de receber outra carta de uma amável editora expressando interesse no que eu poderia escrever não ajudaram muito. "Não há limite para fazer livros, e o muito estudar é enfado da carne"[7] foi o único versículo que falou alto e claro para mim. Pensei em todas aquelas livrarias cristãs, cheias com a avalanche de livros brilhantes que são despejados diariamente das prensas; nas brochuras coloridas e anúncios de página inteira para o mais novo blockbuster. Lembrei-me de algumas estatísticas deprimentes que eu havia lido: aos dezesseis anos, a maioria das crianças já passou de 10 a 15 mil horas assistindo à televisão. Setenta e quatro por cento

---

6 N. T.: A expressão utilizada pela autora é *"shoot my bolt"*, que significa já ter atingido tudo aquilo para o qual você tem poder, habilidade e força para fazer, e ser incapaz de fazer mais.

7 Eclesiastes 12.12.

UMA VIDA *de* OBEDIÊNCIA

dos adultos americanos não leem um único livro de um ano para o outro. Somos o país com mais "não leitores" no mundo industrializado.

Imaginei a gigantesca convenção de livrarias à qual comparecerei dentro de algumas semanas. Novamente digo: "Ah... Por que acrescentar mais um livro à pilha?"

O trabalho que certamente é um dos mais agradáveis do mundo nem sempre tem muito apelo para aquele cuja profissão é o trabalho em questão. Esse é exatamente o ponto ao qual precisamos nos ater — o inimigo tem muitos meios de entorpecer o brilho, nos distraindo, nos deixando entediados com o que nos é dado para realizar, fazendo com que pareça não ter valor algum. É difícil ter em mente o caráter espiritual do nosso trabalho (pois há caráter espiritual em todo trabalho que Deus nos dá). Isso requer proteção espiritual. "Potestades e forças espirituais" estão contra nós, para nos arrastar para baixo, para o desencorajamento, à repugnância e ao desespero.

"Seja sobre nós a graça do SENHOR, nosso Deus; confirma sobre nós as obras das nossas mãos, sim, confirma a obra das nossas mãos"[8] deve ser nossa oração. Precisamos de ajuda. Podemos escrever o livro, vender a apólice, cozinhar a refeição, fazer o trabalho, o que quer que seja, mas haverá dias em que o faremos sem entusiasmo e outros em que o faremos desanimadamente. Se o trabalho estiver ensopado em oração, a beleza estará lá, o trabalho será estabelecido.

---

8 Salmos 90.17.

A disciplina do trabalho

O trabalho é uma bênção. Deus arranjou o mundo de tal forma que o trabalho seja necessário, e ele nos dá mãos e força para fazê-lo. O gozo do lazer não seria nada se tivéssemos apenas lazer. É a alegria do trabalho bem-feito que nos permite desfrutar o descanso, assim como são as experiências de fome e sede que fazem da comida e da bebida tão prazerosas.

Nunca apreciei o tremendo valor terapêutico do trabalho até que perdi meu primeiro marido. Desde então, me perguntaram dezenas de vezes: "Como você conseguiu se obrigar a voltar para a selva?"

Duvido que eu pudesse ter me obrigado a voltar. Eu não "voltei". Eu fiquei. Havia trabalho a ser feito, muito trabalho, e não havia mais ninguém para fazê-lo. Todos os dias, desde o primeiro dia após a notícia final de que cinco homens estavam mortos, eu estava lotada de afazeres. Meu bebê, minha casa, uma pista de aterrissagem para manter, índios para ensinar, e empregar, e para visitar, e aplicar injeção, e aconselhar, e ajudar, trabalho de tradução e correspondência preenchiam o tempo que eu poderia ter usado para sentir pena de mim mesma.

A morte do meu segundo marido, um longo e agonizante processo, me fez indizivelmente grata a Deus pelo simples e comum trabalho doméstico. Somente cozinhar para Addison — e ocupar meu cérebro com cardápios que ele seria capaz de desfrutar pelo menos um pouco — e limpar a casa, lavar seus pratos, roupas e lençóis, carregar bandejas, monitorar seus remédios e responder a suas cartas que me fizeram passar por aquele processo. Eu me encontrava agradecendo a Deus por uma pilha de pratos ou de roupas para lavar.

UMA VIDA *de* OBEDIÊNCIA

É aquele para quem um trabalho é feito que dá significado ao trabalho. Claro que eu não estava pensando em frigideiras ou em detergentes para lavar roupa quando estava fritando um ovo ou lavando a louça. Eu estava pensando em Add. No entanto, conforme a doença avançava, ele ficava extremamente deprimido e não queria mais comer, ou ter alguém lendo para ele, ou ser banhado, vestido ou cuidado de qualquer forma. Para ele, eu era como o "perturbador de Israel", e ele mesmo me disse isso. No entanto, o trabalho ainda tinha que ser feito. Mesmo quando ele estava no seu pior momento e eu mal conseguia passar um dia, o trabalho estava lá, e pela graça de Deus eu o fiz. Quando me lembrei de olhar para cima ao invés de olhar ao meu redor, e oferecer o trabalho ao Senhor, foi muito mais fácil e mais agradável.

Há muitas pessoas que não têm ninguém na terra para *quem* fazer seu trabalho. O patrão é uma mulher difícil, de ser evitada a todo custo; não há família em casa esperando o pagamento; ninguém realmente se importa se gostam de seu trabalho; ninguém lhes agradece. O que a disciplina do trabalho significa para essas pessoas?

O que Paulo tinha a dizer aos escravos na igreja de Colossos deve nos ajudar aqui. "Escravos, em tudo obedeçam a seus senhores terrenos. Procurem agradá-los sempre, e não apenas quando eles estiverem observando. Sirvam-nos com sinceridade, por causa de seu temor ao Senhor. Em tudo que fizerem, trabalhem de bom ânimo, como se fosse para o Senhor, e não para os homens. Lembrem-se de que o Senhor

A disciplina do trabalho

lhes dará uma herança como recompensa e de que o Senhor a quem servem é Cristo".[9]

Tento imaginar como seria ser um escravo durante o tempo do Império Romano. Nós, que vivemos em um país livre no presente século, trazemos à nossa imaginação muitos fatores que provavelmente não os incomodavam na época. Poucos, suponho, pensaram muito sobre a questão moral da escravidão. Muitos estavam contentes de ter outra pessoa no comando de suas vidas, como muitos hoje estão contentes, mesmo que não queiram o rótulo de escravos. No entanto, estou bastante segura de que dar *toda a obediência* a um mestre terreno não foi mais fácil para os escravos do primeiro século do que o é para os empregados e/ou discípulos do século XXI. Sem dúvida, foi muito mais difícil. Trabalhar com uma mente única, por reverência ao Senhor, sempre foi difícil se, por nenhuma outra razão, o inimigo de nossas almas preferisse que tivéssemos uma mente dupla e víssemos apenas o chefe humano, com todos os seus fracassos. Se houvesse um feitor agitando um chicote durante quatorze horas por dia, imagine colocar todo o seu coração nisso.

A atitude cristã em relação ao trabalho é verdadeiramente revolucionária. Pense no impacto que faria à economia e a todo o tecido da vida se a pergunta fosse feita diariamente, na cozinha, no escritório, na sala de aula, na fábrica: "Quem é seu mestre?" e a resposta dada fosse: "Cristo é meu mestre, de quem eu sou escravo". Isso transformaria em um golpe não só a atitude do trabalhador em relação ao patrão, mas sua atitude

---

9 Colossenses 3.22-24, NVT.

UMA VIDA *de* OBEDIÊNCIA

em relação àqueles que trabalham com ele. Ele não mais estaria planejando maneiras de superá-los, enganá-los, ganhar preferência sobre eles aos olhos do patrão. O trabalhador não estaria procurando maneiras de escapar do trabalho do qual não gosta, deixando para o outro fazer. Isso mudaria a atitude dele em relação ao trabalho em si porque ele o faria não para mostrar, não para ganhar promoções, ou bônus, ou elogios, ou pela viagem gratuita a Las Vegas, mas o faria com uma única mente: por Cristo. Isso mudaria a qualidade do trabalho, pois ele tem um mestre que vê o que nenhum outro supervisor poderia detectar: não apenas cada detalhe do trabalho feito, mas as intenções do coração. O artífice saberia que o trabalho, por mais degradante que fosse, por mais rotineiro, humilde que fosse, realmente importa. Ele será notado.

Quando Lars e eu subimos a torre da Catedral de Norwich, descobrimos, bem acima na escadaria mais estreita e escura, algumas pequenas faces esculpidas na pedra. Quem foi o artífice que as esculpiu? Para quem? Será que ele esperava que o público reconhecesse seu trabalho em um lugar tão obscuro? Ele deve ter feito isso para Deus.

Pense no brilho que haverá no lugar onde o trabalho é feito por Deus. Pense na paz dentro do coração do trabalhador que eleva o trabalho até Deus.

O trabalho em si não é apenas uma bênção. A capacidade de trabalhar é um dom. Pergunte a Joni Eareckson Tada. Ela está paralisada. Ela não pode mais fazer o trabalho normal dado ao resto de nós, mas aprendeu, através da prática e da disciplina excruciante, a fazer as coisas de maneira extraordinária.

A disciplina do trabalho

Ela pinta, segurando o pincel em sua boca. Ela dirige uma van especialmente adaptada às suas necessidades. Ela escreve livros, viaja, fala, trabalha para os deficientes físicos. Vê-la fazer essas coisas contra tais adversidades me torna consciente de bênçãos que eu tomava como garantidas. Minhas pernas me levam para onde quero ir, minhas mãos seguram um aspirador, meus dedos trabalham — todos os dez — para arrumar meu cabelo, amassar o pão, tocar piano, digitar.

Cada habilidade separada é um dom. Moisés foi um grande homem, muito dotado, escolhido para tirar o povo de Israel da escravidão, a quem o padrão do tabernáculo foi mostrado no Monte Sinai: faça-me um santuário. Faça uma arca. Faça uma mesa. Faça um candelabro. Faça os pendentes. Faça um véu.

Quem executaria as intrincadas instruções?

> "Disse Moisés aos filhos de Israel: Eis que o Senhor chamou pelo nome a Bezalel, filho de Uri, filho de Hur, da tribo de Judá, e o Espírito de Deus o encheu de habilidade, inteligência e conhecimento em todo artifício, e para elaborar desenhos e trabalhar em ouro, em prata, em bronze, e para lapidação de pedras de engaste, e para entalho de madeira, e para toda sorte de lavores. Também lhe dispôs o coração para ensinar a outrem, a ele e a Aoliabe [...] para fazer toda obra de mestre, até a mais engenhosa, e a do bordador em estofo azul, em púrpura, em carmesim e em linho fino, e a do tecelão, sim, toda sorte de obra e a elaborar desenhos.

UMA VIDA *de* OBEDIÊNCIA

Assim, trabalharam Bezalel e Aoliabe [...] segundo tudo o que o Senhor havia ordenado".[10]

A Regra de São Bento para os monastérios afirma que o primeiro grau de humildade é a obediência sem demora.

> Mas essa mesma obediência só será aceitável a Deus e agradável aos homens se o que é ordenado for feito sem hesitação, sem demora, sem tibieza, sem murmuração ou sem objeção. Pois a obediência dada aos superiores é dada a Deus, pois ele mesmo disse: "Quem vos ouve, ouve a mim". E os discípulos devem oferecer sua obediência com boa vontade, pois "Deus ama quem dá com alegria". Pois se o discípulo obedece com má vontade e murmura, não necessariamente com seus lábios, mas simplesmente em seu coração, então mesmo que ele cumpra a ordem, seu trabalho não será aceitável para Deus, que vê seu coração murmurar.[11]

O Padre Judas do Priorado de São Gregório escreve:

> A benção à mesa em nossa refeição do meio-dia aos domingos é diferente da refeição diária. Os dois monges que estiveram servindo mesas durante a semana acabam de terminá-la dizendo juntos um versículo do Salmo 86: "Abençoado sejais, Senhor Deus, porque

---

10 Êxodo 35.30-36.1.
11 Fonte não citada pela autora.

A disciplina do trabalho

me ajudastes e me fortalecestes". [...] Acho que esse momento é solene e afetuoso. Ele tipifica o tipo de vida a qual nós nos entregamos, uma vida que investe em ações ordinárias, cotidianas com significado espiritual. É um conforto saber que quando ministramos às necessidades dos outros, mesmo que o ministério seja apenas a busca de alimentos para eles comerem e tirar seus pratos usados, estamos nos apropriando da graça de Deus ao fazê-lo [...].

É um luxo legitimamente agradável vir almoçar ou jantar, sentar-se e comer, e sair sem ter que fazer mais nada a respeito. No devido tempo, chegará o momento em que será sua vez de ser o que serve, mas isso não precisa tornar o descanso presente menos agradável. É útil aprender a ter a devida facilidade, tanto no corpo quanto no espírito.

Os versos do salmo na bênção dominical não são um pouco exagerados? ("Ó Deus, apressa-te para me salvar, ó Senhor, apressa-te para me ajudar!" Parece um empreendimento arriscado. "Abençoado sejas, ó Senhor Deus, porque me ajudaste e me fortaleceste!" Nós conseguimos! Passamos por isso!) Mas talvez não, se lembrarmos que ministramos com o poder do próprio Deus. Realizar um ministério em qualquer nível é um passo audacioso. Quase nunca é preciso mais humildade do que quando se está sendo útil. O corpo que eu estou ajudando a manter vivo está destinado a uma gloriosa ressurreição. A pessoa a quem estou

UMA VIDA *de* OBEDIÊNCIA

levando um prato de comida é alguém a quem é uma honra servir, pois ele foi convidado a comer e beber na mesa de um rei.[12]

Um cristão é caracterizado por uma vontade de trabalhar. A preguiça era uma ofensa tão grave que Paulo disse aos tessalonicenses para se distanciassem de qualquer um que caísse em hábitos ociosos. Ele próprio nunca havia aceitado pensão ou alojamento de ninguém sem pagar por isso.

> Nem jamais comemos pão à custa de outrem; pelo contrário, em labor e fadiga, de noite e de dia, trabalhamos, a fim de não sermos pesados a nenhum de vós [...] vos ordenamos isto: se alguém não quer trabalhar, também não coma. Pois, de fato, estamos informados de que, entre vós, há pessoas que andam desordenadamente, não trabalhando; antes, se intrometem na vida alheia. A elas, porém, determinamos e exortamos, no Senhor Jesus Cristo, que, trabalhando tranquilamente, comam o seu próprio pão.[13]

Não muito tempo atrás, uma jovem me pediu para orar para que ela encontrasse um emprego. Enquanto conversávamos, soube que ela, que estava no seguro-desemprego há dois anos, queria muito trabalhar no rádio e na televisão, mas até o momento não tinha encontrado nada nessa área. Sugeri que ela

---

12 Fonte não citada pela autora.
13 2 Tessalonicenses 3.8-12.

A disciplina do trabalho

provavelmente poderia encontrar um trabalho de limpeza. Ela ficou chocada e ofendida. "Mas eu tenho um mestrado!".

"Se alguém não quer trabalhar, também não coma". Foi a palavra de Paulo, não minha, e presumo que se aplicaria a uma mulher que não tem ninguém para alimentá-la, a não ser o governo federal. O caso da jovem mulher não era de incapacidade de trabalhar por causa da saúde precária ou do cuidado de crianças pequenas. Ela simplesmente não estava disposta a trabalhar — a não ser que ela gostasse do trabalho. Nunca digamos: "Deus não me deu nada para fazer". Ele deu. Ele está à sua porta. Faça-o, e ele lhe mostrará outra coisa.

"Desejamos [...] que não vos torneis indolentes, mas imitadores daqueles que, pela fé e pela longanimidade, herdam as promessas".[14]

Quando eu estava na sexta série, um dos nossos exercícios de caligrafia foi esse verso, que tem tocado em minha mente desde então:

> Se uma tarefa for iniciada,
> nunca a deixe até que esteja completada.
> Quer seja grande ou pequena a ocupação,
> faça-a somente de todo o coração.

Terminaremos nosso curso com alegria se nos mantivermos fiéis à tarefa. Poderemos dizer como Jesus disse: "Consumei a obra que me confiaste para fazer".

---

14 Hebreus 6.11-12.

A disciplina dos sentimentos

"Eu tenho muita dificuldade com isso", disse o aluno. "Quer dizer, eu simplesmente não tenho certeza sobre como resolver isso de forma confortável".

"Resolver isso de forma confortável?", perguntou o professor de Bíblia. "O que isso tem a ver com a vontade de Deus?"

A fraseologia pode ser nova ("sentir-se confortável" tornou-se terrivelmente importante), mas não há nada de novo sobre a relutância. Jesus tornou-a viva em sua parábola do homem que deu um grande jantar. Quando os convites saíram, as desculpas começaram a chegar: "Eu comprei algumas terras". "Estou a caminho para experimentar o meu novo jugo de bois". "Acabei de me casar".[1] Incapazes de resolver as coisas confortavelmente, eles recusaram o convite.

Os sentimentos, assim como os pensamentos, devem ser levados cativos. Ninguém cuja primeira preocupação é sentir-se bem pode ser um discípulo. Somos chamados a carregar

---

1 Ver Lucas 14.16-20.

UMA VIDA *de* OBEDIÊNCIA

uma cruz e a glorificar a Deus. P. T. Forsyth observa que a fraqueza de muita religião popular se deve ao fato de termos virado ao contrário um dos princípios básicos de nossa fé, fazendo com que "o fim principal de Deus seja glorificar o homem". As pessoas estão agindo por sugestão, e não por autoridade. Anos atrás, sete homens de Oxford escreveram um livro chamado *Foundations* [Fundamentos], que era uma tentativa de permitir que todo cristão acreditasse naquilo de que gostasse. Ronald Knox disse: "Eles corrigiram o 'eu creio' para 'eu sinto que'".

A história de Daniel fornece uma forte lição sobre a vitória de uma vontade dirigida por Deus sobre as emoções naturais. Daniel recebeu visão, percepção e profecia, mas sua compreensão veio a um tremendo custo. Ele teve de ser humilhado. O processo começou, como notamos anteriormente, por sua própria determinação de não se contaminar com a rica dieta do rei. Uma determinação não é um humor. A palavra não descreve os efeitos das circunstâncias sobre a psique. Não tem nada a ver com sentir-se confortável. É uma decisão da vontade, realizada sem levar em conta as emoções. Em jejum, segundo um hino latino do século VI, "Daniel treinou sua visão mística".

Por causa do desempenho superior do dever, Daniel foi objeto de grande ódio e inveja. Seus rivais traçaram um plano para que ele fosse morto. Podemos adivinhar os sentimentos que ele experimentou enquanto sentia o ódio daqueles homens, enfrentava as possíveis consequências, tomava a decisão de vida ou morte de continuar suas orações ao seu Deus ("Não espere pelo desejo antes de realizar um ato virtuoso, pois razão e compreensão são suficientes", escreveu São João da Cruz), era apreendido, levado perante o rei e sentenciado. Imagine aquela noite com os leões. Imagine ouvir a voz do rei aterrorizado enquanto ele chegava, tremendo, à cova na manhã seguinte e gritava: "Daniel, servo do Deus vivo! Dar--se-ia o caso que o teu Deus, a quem tu continuamente serves, tenha podido livrar-te dos leões?"

"Assim, foi tirado Daniel da cova, e nenhum dano se achou nele, porque crera no seu Deus".[2]

Daniel pagou um alto preço pelas revelações divinas que lhe foram dadas. Não foi um alto nível emocional que ele experimentou. Na verdade, ele escreveu que o espírito dentro de si estava "alarmado" e perturbado pela visão; "os meus pensamentos muito me perturbaram, e o meu rosto se empalideceu" [...]. "Havendo eu, Daniel, tido a visão, procurei entendê-la [...], "fiquei amedrontado [...], enfraqueci e estive enfermo alguns dias; então, me levantei e tratei dos negócios do rei".[3]

"Alma perturbada, tu não és obrigada a sentir, mas és obrigada a se levantar", escreveu George MacDonald.[4]

O relato prossegue. Quando uma profecia a respeito dos reis da Pérsia foi dada a ele:

> Custou-lhe muito trabalho entender a visão [...] Fiquei,
> pois, eu só [...] e não restou força em mim; o meu rosto
> mudou de cor e se desfigurou, e não retive força alguma

---

2 Daniel 6.20, 23.

3 Daniel 7.15, 28; 8.15, 17, 27.

4 George MacDonald, *Unspoken Sermons* (London: Longman's, Green & Co.,1906).

UMA VIDA *de* OBEDIÊNCIA

[...]caí sem sentidos, rosto em terra. Eis que certa mão me tocou, sacudiu-me e me pôs sobre os meus joelhos e as palmas das minhas mãos. Ele me disse: "Daniel, homem muito amado, está atento às palavras que te vou dizer; levanta-te sobre os pés, porque eis que te sou enviado" [...] eu me pus em pé, tremendo [...] dirigi o olhar para a terra e calei.[5]

Daniel abriu a boca para falar, mas a força lhe faltou; não ficou nenhum fôlego dentro dele.

"Não tenha medo, homem muito amado; tudo ficará bem com você. Sê forte, sê forte", foi a palavra do anjo para ele.

Existe um quadro mais vívido e poderoso em toda a Escritura de um homem, completamente humano, atormentado por paixões e medos; um homem de emoções profundas e perturbadoras que ainda se apegou fielmente a seu Deus e agiu por ele apesar da inclinação natural? Somente a imagem do próprio Cristo, o servo perfeito, supera a de Daniel. Está claro na história de Daniel que a compreensão não é barata e que as respostas à oração devem ser processadas, muitas vezes durante um longo período de tempo, exigindo uma resistência firme. Vale a pena parar um momento para refletir sobre o que o anjo disse. Não foi "eu sei como você se sente", ou "você realmente teve uma vida dura, meu velho", mas "não tenha medo. Seja forte". O anjo o lembrou de duas coisas que são verdadeiras para o resto de nós: ele era muito amado e tudo ficaria bem. Da

---

5 Daniel 10.1, tradução livre da versão New English Bible (NEB); 8-12, 15.

A disciplina dos sentimentos

próxima vez que nossos sentimentos parecerem estar prestes a nos afogar, podemos pensar nessas coisas e ser fortes.

Minha amiga Katherine Morgan, de Pasto, Colômbia, escreveu:

> Quando se pensa e usa o braço da fé para apoiar o próprio pensamento, então as obras de fé são produzidas. Concordo com você que os sentimentos não são confiáveis. O pensamento humano também não é digno de confiança, mas a fé, que nos faz pensar em direção ao céu, é produtiva, assim como a experiência de Ezequiel quando Deus lhe disse que sua esposa iria morrer. Ele fez o que lhe foi ordenado. Eu acho que você e eu tivemos essa experiência. Nossos sentimentos eram propícios à dúvida quanto às razões pelas quais nossos maridos foram levados, mas sabíamos, por dentro, que tínhamos que fazer o que o Senhor nos ordenara. Em minha opinião, não havia nenhuma virtude particular no que fizemos. Tínhamos recebido nossas ordens, e tínhamos que nos agarrar a elas e levar nossos sentimentos no bolso. Muitas vezes, meus sentimentos teriam me levado a jogar a toalha aqui em Pasto. Eu "sentia" que as pessoas não eram responsivas e estavam desinteressadas, e que o esforço era infrutífero. Eu "senti" tudo, menos o desejo de ficar aqui e trabalhar. No entanto, o plano de Deus tem que ser realizado. Essa é uma lição difícil de aprender, e muitas vezes leva uma vida inteira.

UMA VIDA *de* OBEDIÊNCIA

Mas é preciso ter a convicção de que Deus falou e depois
é preciso se ocupar e executar o comando.

Eu vi como Katherine faz isso. Sua casa é um refúgio
para uma surpreendente variedade de pessoas. Nunca há um
momento em que ela não esteja dando abrigo, ajuda, comida,
cuidados, conselhos, atenção, dinheiro, roupas e o que mais for
necessário para doentes, loucos, pobres e até mesmo criminosos.
Eles percorrem um caminho batido até a porta dela. Todos
em Pasto conhecem a Señora Catalina. Todos que não sabem
para onde mais recorrer, recorrem a ela.

> "Missões" sempre significou, pelo menos na conotação
> cristã desse termo, não apenas o esforço para converter
> alguém à verdadeira fé, mas também a disposição espi-
> ritual do missionário: sua caridade ativa e sua doação
> ao "objeto" de sua tarefa missionária. De São Paulo a
> São Nicolau do Japão, não houve missão sem autoi-
> dentificação do missionário com aqueles a quem Deus
> os enviou, sem sacrifício de seus apegos pessoais e de
> seus valores naturais.[6]

Tenho certeza de que Katherine Morgan valoriza tanto a
privacidade e o sossego quanto eu. Elas estão entre as muitas
coisas das quais Katherine renunciou alegremente. Digo isso
porque ela nunca fala sobre essa renúncia como um sacrifício,

---

6 Alexander Schmemann, *Church, World, Mission* (Crestwood, NY: St. Vladimir's, 1979), 124.

A disciplina dos sentimentos

nunca faz muito caso disso, o faz como uma questão natural, dia após dia, ano extenuante após ano extenuante. Ela não se preocupa em consultar seus sentimentos sobre o assunto.

As pessoas que fazem o trabalho real para Deus são, no entanto, pessoas com sentimentos reais. Em certa ocasião, durante a reconstrução do muro de Jerusalém, o povo comum levantou um grande alvoroço contra seus companheiros judeus sobre seus métodos de levantar dinheiro para comprar comida e pagar impostos. "Fiquei muito irritado quando ouvi o clamor deles e a história que eles contaram", disse Neemias. "Eu dominei meus sentimentos e raciocinei com os nobres e magistrados. Eu disse: 'O que vocês estão fazendo é errado'".[7] Note que dominar seus sentimentos não significava sorrir docemente e dizer "Está tudo bem. Vocês estão bem".

De fato, o povo tinha feito mal em aceitar pessoas como penhoras de dívidas, e a ira de Neemias era justificada. Mas o calor gerado não contribuiria em nada para sua edificação. A ira precisava ser resfriada antes que ele pudesse raciocinar com os nobres e magistrados. Ele viu claramente qual era a questão, apesar dos argumentos a favor da prática, e declarou que ela estava errada.

A mente moderna confunde facilmente emoções e fatos. Se isso lhe trouxer uma sensação boa, faça-o! O que é bom, geralmente se supõe, deve nos fazer sentir bem. Por exemplo, se for a vontade de Deus, nós nos sentiremos bem com isso. Esse, porém, nem sempre é o caso. Jonas não tinha bons

---

7   Neemias 5.6-7,9; tradução livre da versão NEB.

UMA VIDA de OBEDIÊNCIA

sentimentos em relação a ir a Nínive. Ele preferiu Jope e começou a ir nessa direção, para sua própria tristeza e a de seus companheiros de navio.

O apóstolo Paulo, que parece para muitos de nós o homem da Bíblia que mais controla seus sentimentos, teve que lembrar à multidão que ele ainda tinha sentimentos. Foi em Listra, quando ele havia ordenado a um aleijado que ficasse de pé, e o homem o fez. Isso convenceu as multidões de que os deuses tinham descido em forma humana. Eles chamaram Paulo e Barnabé de Mercúrio e Júpiter e estavam preparados para oferecer sacrifícios a eles. "Senhores, por que fazeis isto?", gritou o apóstolo. "Nós também somos homens como vós, sujeitos aos mesmos sentimentos".[8]

Elias era um homem com sentimentos, assim como todos nós, mas quando ele orou sinceramente para que não chovesse, "não choveu sobre a terra durante três anos e meio".[9]

Não há nada na Bíblia que sugira que as pessoas verdadeiramente santas são aquelas sem sentimentos. O contrário é verdadeiro. Jesus era plenamente homem e totalmente sujeito às tentações humanas. Ele mostrou sentimentos profundos e ternos (tomando bebês em seus braços, chorando por Jerusalém e por seu amigo Lázaro), ira poderosa (quando virou as mesas dos cambistas de cabeça para baixo e os expulsou do templo com um chicote), e antes de seu verdadeiro sofrimento físico no momento da crucificação, ele estava em angústia de alma tanto na mesa da ceia quanto mais tarde, no Getsêmani.

---

8 Atos 14.15.
9 Tiago 5.17, NVI.

A disciplina dos sentimentos

No entanto, ele seguiu a rota. Seu rosto estava "como uma dura rocha"[10] para fazer a vontade de seu Pai, e nenhum sentimento humano, por mais esmagador que tenha sido, o dissuadiu.

Thomas Merton escreveu que em Jesus vemos "uma suprema harmonia entre os sentimentos humanos bem ordenados e as exigências de uma natureza e personalidade divinas".[11]

Devemos ser meras vítimas de nossos sentimentos, como barcos à deriva sem vela, sem leme ou âncora? Será que realmente estamos à mercê deles? Se nos sentimos bem, nós o fazemos; se não, nós não o fazemos. É assim que o discípulo está destinado a viver? Isso é disciplina?

A carta de Judas fala de pessoas que vivem de acordo com seus sentimentos. Judas encoraja os verdadeiros cristãos a lutarem de verdade contra o que essas pessoas, as quais entraram furtivamente na igreja, representam: "Homens ímpios, que transformam em libertinagem a graça de nosso Deus e negam o nosso único Soberano e Senhor, Jesus Cristo".[12]

A carta pinta um quadro de pessoas que vivem da fantasia e do apetite, mostrando desprezo pela autoridade e prontas para zombar de qualquer coisa que não venha naturalmente. Vivem por instinto, como bestas irracionais, como nuvens impulsionadas por um vento, árvores sem frutos, ondas furiosas do mar, produzindo apenas "a espuma de seus próprios atos vergonhosos", como estrelas que não seguem nenhuma órbita,

---

10 Isaías 50.7.
11 Thomas Merton, Introdução de *Councils of Light and Love, por Saint John of the Cross*. New York: Paulist Press, 1977.
12 Judas 4.

UMA VIDA *de* OBEDIÊNCIA

sempre tentando moldar a vida por seus próprios desejos. Elas são guiadas pela emoção e nunca pelo Espírito de Deus.

Isso aponta para o contraste diametral entre os dois reinos: aquele onde é feita a minha vontade e aquele onde é feita a vontade de Deus. Um que é a escuridão e o outro que é a luz. E isso aponta para uma escolha. Se eu insisto em moldar minha vida de acordo com meu próprio desejo, para que eu possa sempre me sentir confortável, eu estou, por essa insistência, negando o Senhor. Não estou reconhecendo o único mestre, Jesus Cristo, meu Senhor.

Paulo explica exatamente o que é a natureza inferior. É tudo o que é *contra* Deus. "A mentalidade da natureza humana é sempre inimiga de Deus".[13] "Porque a carne milita contra o Espírito".[14] Ela é caracterizada por coisas como fornicação, impureza e indecência, idolatria e feitiçaria, brigas, um temperamento contencioso, inveja, acessos de ira, ambições egoístas, dissensões, intrigas partidárias e ciúmes. Podemos afirmar, com toda razão, que certamente não somos culpados dos três primeiros, até nos lembrarmos das palavras de Jesus que dizem que se alguém apenas olhar cobiçosamente já cometeu adultério em seu coração. Podemos descartar os dois próximos da lista, até lembrarmos das palavras de Samuel:

> Porque a rebelião [contra Deus] é como o pecado de feitiçaria, e a obstinação é como a idolatria.[15]

---

13 Romanos 8.7, NVT.
14 Gálatas 5.17.
15 1 Samuel 15.23.

A disciplina dos sentimentos

A maioria de nós admitirá que não há dúvida de que somos culpados do resto dos pecados da lista. Os sentimentos desempenham um forte papel em cada um deles. "Pois nós também, outrora, éramos [...] escravos de toda sorte de paixões e prazeres",[16] é a descrição de Paulo de como todos nós éramos.

O que devemos fazer? Aceitar a ideia atual de que devemos "seguir nossos sentimentos" e se não o fizermos não estaremos sendo "honestos"?

Quantos divórcios são "justificados" por esse motivo? Quantos comentários desagradáveis?

Como em todas as outras perguntas, levemos esse pensamento às Escrituras. Não temos nenhuma outra norma. Se há uma palavra dita, devemos ouvi-la e fazê-la.

"Portanto, irmãos, vocês não têm de fazer o que sua natureza humana lhes pede, porque, se viverem de acordo com as exigências dela, morrerão. Se, contudo, pelo poder do Espírito, fizerem morrer as obras do corpo, viverão".[17]

O mundo diz: "Siga seus sentimentos e seja honesto". A Bíblia diz: "Siga seus sentimentos e morra".

O mundo diz: "Negue seus sentimentos e você está morto". A Bíblia diz: "Se, contudo, pelo poder do Espírito, fizerem morrer as obras do corpo, viverão".

"Não deveis deixar-vos afligir", disse Jesus a seus discípulos quando ele estava prestes a deixá-los. Certamente, seria muito natural sentir uma profunda angústia em relação à partida dele. "Não se deixem ceder", disse-lhes Jesus.

---

16 Tito 3.3.
17 Romanos 8.12-13, NVT.

UMA VIDA *de* OBEDIÊNCIA

"Alegrai-vos no Senhor [...] é segurança para vós outros",[18] escreveu Paulo de suas correntes da prisão.

"Quem ajuda os outros, que ajude com alegria".[19]

De Ezequias, que se tornou rei de Judá aos 25 anos de idade, diz-se que ele *colocou* sua confiança no Senhor. Isso soa bastante deliberado. Como resultado dessa escolha, não havia ninguém como ele entre todos os reis de Judá; ele permaneceu leal ao Senhor; ele não falhou em sua vassalagem a Deus; ele guardou os mandamentos: "Assim, o SENHOR estava com ele, e ele teve êxito em todos os seus empreendimentos".[20] Se houvesse algum repórter por perto para empurrar um microfone em seu rosto e perguntar como ele se sentia sobre seu papel, duvido que Ezequias tivesse tido uma resposta pronta. Sua preocupação estava em outro lugar.

Mozart, ao contrário de muitos músicos modernos, nunca usou a música para falar de si mesmo, de sua situação ou de seu humor. Em 1781, ele escreveu: "As emoções, fortes ou não, nunca devem ser expressas *ad nauseam*, e a música nunca deve ofender os ouvidos, mas deve agradá-los".

Que tipo de coisas caracterizará a vida de quem obedece ao Espírito? "Amor, alegria, paz, longanimidade, benignidade, bondade, fidelidade, mansidão, domínio próprio".[21]

Observe que o domínio *próprio* é um dos frutos do Espírito. Eis aqui novamente a evidência da responsabilidade

---

18 Filipenses 3.1.
19 Romanos 12.8, NTLH.
20 2 Reis 18.7, NAA.
21 Gálatas 5.22.

A disciplina dos sentimentos

do homem de cooperar com Deus na obra dele. Não é tudo "controle do Espírito". O domínio próprio é essencial. O homem que aceitou o governo do Espírito em sua vida, aceitará a disciplina espiritual. Ao aceitar a disciplina de seu Mestre, ele se disciplinará voluntariamente. Isso é tanto um sinal de maturidade espiritual quanto um sinal de maturidade emocional. Tanto pais quanto filhos devem sofrer no processo de treinamento do filho, porque a punição algumas vezes torna-se uma parte necessária desse processo. Portanto, é uma grande alegria e uma grande libertação quando o pai vê o filho finalmente aceitando a responsabilidade e disciplinando a si mesmo. Ele está começando a amadurecer. Nosso Pai do céu deve ficar contente quando seu filho aprende a se controlar e a não ter que ser contido com mordaça e freio.

É a vontade que deve lidar com os sentimentos. A vontade deve triunfar sobre eles, mas somente a vontade que se rende a Cristo é capaz de fazer isso.

Uma jovem mulher se aproximou de mim após uma palestra que eu havia dado sobre a disciplina dos sentimentos. Ela estava muito intrigada.

"Sra. Elliot, parece que você realmente entendeu tudo. Quero dizer, você é forte e tudo mais, sabe? Mas você deve ter tido alguns sentimentos realmente profundos algum dia, não é mesmo? O que eu não entendo é, como você se livrou deles?"

Ai de mim. Teria eu falhado em explicar que não estava falando em *me livrar* dos sentimentos? Será que ela pensou que eu havia alcançado algum plano espiritual elevado, onde apenas a mente e o espírito operavam e os sentimentos

UMA VIDA *de* OBEDIÊNCIA

estavam extintos? Voltei a repetir: enquanto vivermos no "corpo desta morte", lutaremos contra a natureza humana, contra aquilo que está sempre em guerra com Deus. O "mal que eu não quero" ainda está lá. Os sentimentos são fortes, sejam eles bons ou maus. Às vezes, eles ajudam; às vezes, dificultam. É a *disciplina* que estamos discutindo. Se estamos falando de disciplinar um cavalo de corrida ou um filho, não estamos falando de nos livrarmos de nenhum dos dois, mas sim de colocá-los sob controle.

As escolhas serão continuamente necessárias e — não nos esqueçamos — *possíveis*. A obediência a Deus é sempre possível. É um erro mortal cair na noção de que quando os sentimentos são extremamente fortes, nós não podemos agir sobre eles.

Foi a vontade de Jesus que triunfou no Getsêmani e depois na cruz. Vemos evidências dos sentimentos quase dominadores que ele experimentou como ser humano quando seu suor caiu como grandes gotas de sangue e ele bradou: "Se possível, passe de mim este cálice"; depois, quando ele estava com sede na cruz; e, finalmente, quando ele deu um grande grito. A força da vontade de Jesus é provada na vontade dele contra si mesmo, ou seja, em sua oração "Não seja feita a minha vontade, mas a tua". Havia uma tremenda batalha sendo travada entre sua resposta humana natural ao que estava acontecendo e seu desejo absoluto de fazer a vontade do Pai. Ele tinha vindo à terra expressamente para fazer essa vontade. Seu propósito era simples. Entretanto, realizá-lo não foi fácil. Ele não podia "sentir-se

A disciplina dos sentimentos

confortável" com isso. Mas ele o fez. Isso é o que importa. Ele fez. Ele foi "entregue por causa das nossas transgressões".[22]

É uma grande tentação olhar para experiências espirituais especiais como um teste de santidade. Sentir-se levado pelo Espírito, exibir certas manifestações incomuns ou ficar entusiasmado com a súbita exaltação na oração ou o sucesso em algum esforço particular feito para Deus são, muitas vezes, tomados como prova positiva de que estamos, finalmente, na perspectiva correta.

Hannah Whitall Smith, em seu livro *Religious Fanaticism* [Fanatismo religioso], escreve: "Um apego contínuo e tranquilo da vontade humana à vontade de Deus e um descanso pacífico em seu amor e cuidado têm um valor infinitamente maior na vida religiosa do que as emoções mais intensas ou as experiências mais maravilhosas que já foram conhecidas pelo maior místico de todos".

Aqueles que insistem em tais sinais invariavelmente dividem comunidades e chamam a atenção para si mesmos, não para Cristo[23]. É ele quem deve ser exaltado, não os nossos sentimentos. Nós o conheceremos pela obediência, e não pelas emoções. Nosso amor será demonstrado pela obediência, e não pelo quanto nos sentimos bem sobre Deus em um dado momento. "E o amor é este: que andemos segundo os seus mandamentos".[24]

---

22 Romanos 4.25.
23 Ver Judas 19.
24 2 João 6.

UMA VIDA *de* OBEDIÊNCIA

"Você me ama?", Jesus perguntou a Pedro. "Apascente os meus cordeiros". Ele não perguntou: "O que você sente por mim?", pois o amor não é um sentimento. Ele estava pedindo ação.

Temos a opção, dia após dia, de escolher o bem e recusar o mal. Os sentimentos, em geral, não nos ajudarão muito. Embora o impulso não seja invariavelmente mau, a escolha, na maioria das vezes, será entre o princípio e o impulso. O que eu deveria fazer e o que eu sinto vontade de fazer raramente são a mesma coisa. "Porque não faço o bem que eu quero, mas o mal que não quero, esse faço",[25] escreveu Paulo. Essa é uma descrição desarmadoramente precisa do que cada cristão experimenta. Paulo não ficou satisfeito com isso, mas foi honesto acerca do assunto — honesto o suficiente para registrá-lo em uma carta. Enquanto estivermos nessa espiral mortal, experimentaremos o fracasso, faremos escolhas erradas. Mas o mandamento permanece. "Sede santos". Sejamos honestos em reconhecer os sentimentos e honestos o suficiente para rejeitá-los quando eles estiverem errados.

> Por isso, cingindo o vosso entendimento, sede sóbrios e esperai inteiramente na graça que vos está sendo trazida na revelação de Jesus Cristo. Como filhos da obediência, não vos amoldeis às paixões que tínheis anteriormente na vossa ignorância; pelo contrário, segundo é santo aquele que vos chamou, tornai-vos santos também vós mesmos em todo o vosso procedimento.[26]

25 Romanos 7.19, NAA.
26 1 Pedro 1.13-15.

A disciplina dos sentimentos

Mais à frente na mesma epístola, Pedro é extremamente direto em nos dizer exatamente o tipo de ação que é necessária se quisermos exercitar o domínio próprio e ser santos:

- Abstenham-se das paixões carnais;
- Sujeitem-se a toda instituição humana por causa do Senhor;
- Aceitem a autoridade;
- Sejam um em pensamento e em sentimentos (impossível se ambos não forem trazidos à obediência);
- Sejam fraternalmente amigos (mesmo se eu não sentir vontade?);
- Sejam misericordiosos e humildes;
- Retribuam com bênção.

Não muito tempo atrás, uma jovem em um retiro contou uma longa história de como ela tinha vindo a conhecer o Senhor, se rebelado contra ele, ido para longe, havia sido trazida de volta, se rebelado novamente e, então, em misericórdia e graça, o Senhor a perdoou, dando-lhe um marido cristão e felicidade. Ele era um patrulheiro de estrada e, certo dia, atendendo a um acidente de trânsito, foi atingido por um carro que passava e ficou gravemente ferido. A própria Gwenn estava de cama na época, com uma ameaça de aborto espontâneo. Três dias depois, ele morreu. Nessa mesma tarde, o pai dela morreu e, seis dias depois, ela perdeu seu bebê. Gwenn contou sua história tranquilamente, sem lágrimas, embora todas as outras pessoas estivessem chorando. Ela terminou dizendo que encontrou, no

UMA VIDA *de* OBEDIÊNCIA

leito de morte de seu marido, o que ela procurava há tanto tempo: a presença graciosa do próprio Cristo.

Em uma carta enviada a mim, ela escreveu:

Cerca de uma semana após o retiro, meu telefone tocou. Foi a esposa do homem que atropelou meu marido. Ela disse que teve que ligar porque sua cunhada acabara de ligar para ela, tendo chegado em casa de um estudo bíblico onde uma mulher compartilhou um pouco do que eu disse naquela manhã no retiro. Ela literalmente me implorou, se houvesse qualquer inclinação para isso, para que, de alguma forma, eu comunicasse ao marido dela as coisas que eu havia dito, porque ele se sentia muito culpado e incapaz de perdoar a si mesmo. Quando desliguei o telefone, eu estava tremendo e corri para dentro, caí ao lado da minha cama e chorei, sabendo, acho eu, que tal coisa só pode ser realizada por Deus dentro de mim — pois é como ser esticada muito além de quem sou. Agarrar-se à minha dor, desprezando sua fonte, é muito mais fácil, porque é muito mais natural. Mas, como disse um amigo, meu perdão e a expressão desse perdão diretamente por meio de uma carta ou de uma visita poderia, muito possivelmente, conter a chave, a única chave, capaz libertar aquele homem de sua prisão [...]. E essa pode muito bem ser a única área com a qual não lidei e que pode resultar na conclusão da cura dentro de mim. Meu amigo salientou que, como filha de Deus, eu realmente não tenho escolha. A pergunta irritante — "Por que, Deus, é requerido de *mim* que eu perdoe tanto?" — não precisa ser respondida [...]. Louvado seja Deus por sua maravilhosa graça que nos leva aonde nunca pensamos que poderíamos ir!

Algumas palavras finais de advertência:

Não ridicularize os sentimentos como *só* sentimentos. Lembre-se de que eles nos são dados como parte de nossa humanidade. Não tente se fortificar *contra* as emoções. Reconheça-as; nomeie-as, se isso ajudar; e depois as deposite diante do Senhor para que ele treine suas reações. A disciplina das emoções é o treinamento das reações.

Nenhum argumento a favor da disciplina fornecerá o poder para disciplinar. Aquele que convoca é Aquele que dá poder. Ele é o Mestre. Ao nos entregarmos ao seu governo, ele nos dá a graça de governar.

São Francisco de Sales coloca isso da seguinte maneira: "Não somos mestres do nosso próprio sentimento, mas, pela graça de Deus, somos mestres de nosso consentimento".

Tente. Quando, diante da poderosa tentação de fazer o mal, houver a rápida e dura renúncia — *eu não vou* —, ela será seguida pela súbita perda dos laços do eu, pelo sim a Deus que deixa entrar a luz do sol e que nos põe a cantar, e que coloca todos os sinos da liberdade ressoando de alegria.

Troca:
minha vida pela dele

É meu grande prazer nesses dias observar o crescimento e a aprendizagem de um menino de quatro anos e de sua irmã de dois. O clima do lar deles é de amor, o que significa que às vezes o sol brilha e às vezes o tempo está nublado. Há muita risada, leitura de histórias, jogos, pipoca junto ao fogo, carinho, cadeira de balanço e canto de hinos. Há também disciplinas físicas ocasionais. Uma mãe e um pai que amam seus filhos não podem permitir que eles sigam seus próprios caminhos. Eles desejam para seus filhos liberdade e alegria, coisas que nenhum ser humano caído pode encontrar sem instrução, exemplo e correção ("Bem-aventurados os que guardam as suas prescrições e o buscam de todo o coração"[1]). Quando os filhos se rendem de bom grado às instruções dos pais, o clima é ensolarado para todos. Quando eles se recusam, as nuvens de

---

1 Salmos 119.2.

tempestade se acumulam. O mesmo menino e a mesma menina avidamente consentem à sugestão de uma história ou de um pouco de pipoca. Eles não estão tão ansiosos para recolher os brinquedos ou comer brócolis. Se ao menos os pais pudessem fazê-los ver que o propósito em todas essas coisas é a felicidade final e a plenitude dos filhos... Eles os amam o suficiente para dizer não à maioria dos programas de televisão, não para ficarem acordados até tarde, como alguns de seus amigos, não para comer porcarias. Seus pais os amam o suficiente para exigir uma hora de solitude e tranquilidade para cada criança a cada tarde. Eles os amam o suficiente para ficarem de braços cruzados enquanto as crianças aprendem a fazer coisas sozinhas; coisas que os pais são fortemente tentados a fazer por eles. Eles os amam o suficiente para permitir que, quando o crescimento em sabedoria e a independência o exigem, os filhos sejam feridos, tenham dificuldade e, às vezes, até mesmo falhem.

"Disciplina é o mesmo que punição?", perguntou-me uma jovem mulher. Ela ficou perturbada com a ideia de que Deus queria "vingar-se". Eu lhe dei 1 Coríntios 11:32: "Mas, quando julgados, somos disciplinados pelo Senhor, para não sermos condenados com o mundo". A "punição" de Deus sobre seus filhos nunca é uma retribuição, mas sim uma correção. Sabemos que somos realmente seus amados filhos e filhas, compartilhando a disciplina da qual todos compartilhamos — para um alto propósito, a saber, que um dia possamos compartilhar da santidade dele, "obter vida".[2]

---

2 Hebreus 12.9, NVT.

Troca: minha vida pela dele

A história de Jonas ilustra poderosamente a tolice de dizer não ao nosso Pai que está nos céus. Ele pensou que poderia escapar de fazer o que Deus pediu. Em vez de ir para Nínive como ordenado, pegou um navio para Tarsis, pensando que estava "fora do alcance do Senhor". Uma decisão como essa está fadada a resultar em uma tempestade de uma espécie ou de outra, e no caso de Jonas foi um furacão, literalmente. Pense nos problemas dos quais ele poderia ter sido salvo se tivesse obedecido — a tempestade, o horror de ser jogado para fora do barco, as mandíbulas do grande peixe que se aproximava, vindo do fundo escuro do mar, o trauma de ver-se de fato engolido, e três dias inimaginavelmente terríveis dentro do estômago da criatura. Mas foi o Amor Inexorável que o seguiu, mesmo naquela escuridão. Foi, de fato, o amor de Deus que ordenou aquele estranho meio de salvamento para seu profeta voluntarioso, o que o próprio profeta veio a reconhecer na oração que fez de dentro da barriga do peixe:

> As águas me cercaram até à alma,
> o abismo me rodeou;
> e as algas se enrolaram na minha cabeça [...].
> Quando, dentro de mim, desfalecia a minha alma,
> eu me lembrei do Senhor;
> e subiu a ti a minha oração,
> no teu santo templo.[3]

---

3 Jonas 2.5,7.

UMA VIDA *de* OBEDIÊNCIA

Então o Senhor falou com os peixes, os peixes vomitaram Jonas e ele foi salvo. Quando Deus lhe deu uma segunda chance, ele não perdeu tempo. "Vá para Nínive". Jonas foi imediatamente. Certamente ele foi mais sábio agora. Quanto mais feliz ele poderia ter ficado se sua primeira resposta tivesse sido a do salmista: "Admiráveis são os teus testemunhos; por isso, a minha alma os observa".[4]

O objetivo de todo verdadeiro discípulo é agradar o seu Deus. A Bíblia é o nosso guia, mostrando-nos como fazer isso.

Cozinhar é um grande prazer para mim. Eu adoro cozinhar boa comida para pessoas com bom apetite. A maior parte do que cozinho, faço sem receitas, porque são coisas simples que já fiz muitas vezes. Mas, de vez em quando, tenho tempo para fazer algo maravilhoso, e fico feliz em recorrer a uma autoridade que possa me dizer como fazer. Se é uma *massa choux* que eu preciso para os profiteroles, eu não invento a receita à medida que vou avançando, escolhendo jogar duas xícaras de farinha em água fervente antes de adicionar a manteiga. Não seria uma *massa choux* afinal. Seria uma bagunça.

O objetivo da cozinheira — uma sobremesa perfeita — não será alcançado sem que ela primeiro desista de seu "direito" de fazê-lo à sua maneira, depois estude o livro e faça exatamente o que ele diz. Quando sou a cozinheira, eu me rendo fácil e felizmente a uma receita de massas de M. F. K. Fisher. Acredito na palavra dela de que, se eu fizer isso, terei aquilo.

---

4 Salmos 119.129.

Troca: minha vida pela dele

Por que então, em vez de tomar como certa a palavra de Cristo, preferimos argumentar ("é muito difícil, muito restritivo, isso não é coisa pra mim"), para reivindicarmos nossos "direitos", para nos viramos por conta própria? Dessa forma, o paraíso se perdeu. É o mesmo inimigo que vem até nós hoje com a mesma mentira ("você não morrerá, mas viverá"). No entanto, Jesus ainda chama fielmente à vida e para dar felicidade àqueles que seguirem seu caminho. É verdade, é o caminho da cruz, mas somente esse caminho leva à ressurreição. Ele oferece uma troca: a vida dele pela nossa. Ele nos mostrou o que quis dizer ao se doar. O fato avassalador da obediência do Filho ao Pai — o próprio inferno atormentado pela Infinita Majestade — não nos chama muito mais para longe de nós mesmos, muito além da busca lamentável, calculista, covarde, egoísta, autointeressada daquilo que o mundo chama de felicidade?

Ele nos oferece amor, aceitação, perdão, um peso de glória, plenitude de alegria. É tão difícil oferecer de volta os presentes que, em primeiro lugar, vieram das mãos feridas — corpo, mente, posição, tempo, posses, trabalho, sentimentos?

É claro que não esgotamos a lista de coisas que devem se render. Incluímos apenas uma amostra como forma de ajudar a perceber o princípio da auto-oferta que funciona da seguinte forma:

+ Se sofrermos com Cristo, reinaremos com ele;
+ Se um grão de trigo morre, ele produz frutos;
+ Se renunciarmos ao nosso luto, Deus nos dá uma veste de louvor;

UMA VIDA *de* OBEDIÊNCIA

- Se trouxermos nossos pecados, ele os substitui por um manto de justiça;
- A alegria não vem apesar da tristeza, mas por causa dela.

Quando a disciplina se torna uma rendição alegre, "pelo sofrimento, nosso corpo continua a participar da morte de Jesus, para que a vida de Jesus também se manifeste em nosso corpo".[5]

---

5 2 Coríntios 4.10, NVT.

O Ministério Fiel visa apoiar a igreja de Deus de fala portuguesa, fornecendo conteúdo bíblico, como literatura, conferências, cursos teológicos e recursos digitais.

Por meio do ministério Apoie um Pastor (MAP), a Fiel auxilia na capacitação de pastores e líderes com recursos, treinamento e acompanhamento que possibilitam o aprofundamento teológico e o desenvolvimento ministerial prático.

Acesse e encontre em nosso site nossas ações ministeriais, centenas de recursos gratuitos como vídeos de pregações e conferências, e-books, audiolivros e artigos.

Visite nosso site
www.ministeriofiel.com.br

Esta obra foi composta em AJensonPro Regular 11,8, e impressa
na Promove Artes Gráficas sobre o papel Polen 70g/m²,
para Editora Fiel, em Junho de 2024